Oscar varia

MARCO PALMISANO

# UN ANGELO MI HA SALVATO

Prefazione di Fiorello

Con una lettera di Maria De Filippi

OSCAR MONDADORI

I edizione Oscar varia agosto 2008

ISBN 978-88-04-58105-5

Questo volume è stato stampato
presso Mondadori Printing S.p.A.
Stabilimento NSM - Cles (TN)
Stampato in Italia. Printed in Italy

Ristampe:

2 3 4 5 6 7 8 9 10

2008 2009 2010 2011 2012

# Prefazione

di Fiorello

Ma che vita!

Ragazzi c'è da crederci! Si leggono tante cose al giorno d'oggi, dalla «Gazzetta» fino ai cosiddetti giornali seri, ma sono poche le cose che parlano veramente di noi e di quello che conta nella vita.

Conoscevo superficialmente l'autore di questo libro, Marco Palmisano, lo avevo visto qualche volta in Mediaset per motivi di lavoro. Adesso mi è stato chiesto da alcuni amici comuni di leggere il suo manoscritto e, controvoglia, mi sono avvicinato al testo con molta fretta e poca attenzione. Il mio lavoro è frenetico: la televisione, le serate, i giornalisti, i contratti e, adesso, la radio; giornate piene e zeppe di cose. Ho però incominciato ugualmente a leggere quei fogli, prima distrattamente, mentre andavo e venivo chissà da dove, e poi, dopo, a casa.

Incuriosito dalle prime pagine, ho staccato il telefono, mi sono stravaccato sul divano e, finalmente, sono andato fino in fondo. Quando sono arrivato all'ultima pagina ho esitato ancora un attimo. In qualche modo intuivo già dove mi aveva condotto quella lettura, ma volevo godermi ancora un minuto di attesa.

Sentivo infatti, anche se in modo ancora confuso, che Marco mi aveva condotto per mano in un cammino che, da tempo, io stesso volevo percorrere.

Ma che strana la vita! Mi avevano spiegato che Palmisano aveva avuto una brutta disavventura con gli occhi; un'operazione sbagliata e la sua intera esistenza ha cambiato corso. Per anni ha dovuto convivere con dolori lancinanti in più parti del corpo. Proprio lui, che a poco più di quarant'anni (pressappoco la mia età) sembrava un leone ed era avviato ad una brillante carriera da diverse decine di migliaia di euro all'anno e tante soddisfazioni in aggiunta. Adesso, invece, è ancora sofferente e solo da poco è riuscito ad intravedere la fine del suo tormento, grazie ad un incontro miracoloso.

Quanti di noi avrebbero mollato tutto prima? Quanti si sarebbero lasciati andare alla disperazione?

Anche Marco ha vissuto momenti di buio totale. Anche lui ha bestemmiato Dio. Ma poi ha anche pregato ed ha ottenuto e, ora, viene a darci lezioni di felicità, umilmente.

Ma chi avrebbe potuto immaginarlo, ragazzi, che proprio da un letto di dolore sarebbe potuto venirci un insegnamento per la gioia? Quando mi avevano raccontato delle sue vicissitudini non volevo crederci e mi ero detto disponibile a scrivere questa prefazione solo per fare una buona azione. Ma la lettura di questo libro ha fatto invece piazza pulita delle mie incertezze e mi ha chiarito le idee, come dopo un tuffo in mare aperto.

Questo libro, infatti, parla di me, così come parla di voi che state per leggerlo. Nello sviluppo dei suoi capitoli ho ritrovato le tappe più importanti della mia vita. Nella semplicità del racconto di Palmisano ho riscoperto la verità delle cose più vere e più belle. Ho ritrovato il sapore dei miei amici e il gusto del mio amore. Ma che vita!

Ragazzi, in queste pagine c'è quel gusto per il sole e per la bellezza che vorrei regalare ai miei figli e al mondo. Quando faccio televisione o spettacoli in radio mi impegno con tutto me stesso per donare un sorriso a chi mi guarda e mi ascolta. Palmisano, con il suo libro, ha saputo donare un sorriso a me e, sono sicuro, lo donerà anche a voi che lo leggerete.

Grazie Marco, sei un amico! Ma che vita!

# Un Angelo mi ha salvato

*Dedicato a mia madre,*
*alla memoria di don Giussani*
*e al mio tesoro, Giovanna*

Donna, se' tanto grande e tanto vali,
che qual vuol grazia e a te non ricorre,
sua disïanza vuol volar sanz'ali.

DANTE, *Paradiso*, XXXIII, 13-15

# Introduzione

Oggi, 11 luglio 2007, giorno del mio compleanno, si compiono esattamente sei anni da quando, nella stessa data del 2001, mi capitò un grave incidente chirurgico destinato a modificare profondamente la mia vita.

Ripensando a quella data fatidica, si è fatta strada in me l'idea di scrivere questo piccolo libro come una specie di dovere, a cui mi sento spinto verso gli altri, e come un piccolo piacere che sento, invece, di dovere a me stesso.

L'idea, molto semplice, è quella di poter comunicare alcune riflessioni circa gli argomenti che considero tra i più importanti per la vita di un uomo.

La forma scelta è quella di piccoli "appunti utili".

Ecco così, insieme alla mia storia, alcune parole cruciali dell'esistenza, rivisitate sotto forma di brevi annotazioni, veloci da leggere e da consultare e sulle quali, credo, si possa riflettere con una certa utilità.

Quella che ho vissuto in questi anni, infatti, è stata, e in parte continua a essere, un'esperienza così drammatica e significativa da poter, spero, "illuminare" un piccolo pezzo di strada anche per altri che si ritrovano nelle mie stesse condizioni di una volta.

Con questo spirito mi accingo ad iniziare. Ma andiamo con ordine.

Era, come ho già detto, il pomeriggio dell'11 luglio 2001 quando, per un banale problema di vista (una leggera miopia astigmatica), avevo deciso tranquillamente di sottopormi a un semplice intervento agli occhi.

L'operazione sembrava di routine: il laser ad eccimeri aveva già fatto il suo ingresso in Italia, con buoni risultati e con minime controindicazioni per il paziente.

Ma quel pomeriggio, per uno strano gioco del destino, il chirurgo volle inspiegabilmente utilizzare il bisturi anziché il laser, sostenendo che per quel piccolo intervento era meglio così.

Con precisione che, di lì a poco, non si rivelò affatto chirurgica, il medico in meno di cinque minuti effettuò due incisioni profonde sulla cornea del mio occhio destro.

Dalla sera stessa ebbe inizio una vicenda allucinante da cui appena oggi riesco fisicamente a uscire. A poche ore dall'intervento avvertii, infatti, un acuto e profondo dolore nella parte sinistra della nuca, come trafitto da una spada; a questo si univano delle fitte insistenti nella zona dell'addome e dell'inguine, a sinistra, mentre, a completare il quadro, l'occhio sinistro, quello non operato, iniziava a far molto male.

Spaventato e dolorante cercai immediatamente il chirurgo, ma il suo telefonino era già spento.

La mattina successiva, dopo una notte da incubo – la prima di una lunga serie – trascorsa tra antidolorifici e sedativi, ebbi subito un'altra brutta sorpresa: alzatomi dal letto, dopo i primi passi, iniziai a perdere l'equilibrio, mi girava la testa, permanevano tutti i dolori della sera prima e avevo netta la sensazione di vederci meglio con l'occhio non operato e comunque peggio di prima.

Chiamai di nuovo il dottore, il quale questa volta mi rispose ma con aria tra l'infastidito e il preoccupato. Mi disse che lui aveva tolto l'astigmatismo e per farlo aveva dovuto rendere più miope l'occhio. «Poteva dirmelo!» dissi io. «Avrei sicuramente evitato l'intervento. E poi, scusi dottore, tutti questi dolori all'altro occhio e alla testa, con forti perdite di equilibrio, cosa sono?» domandai angosciato. «Non le so dire» fu la risposta. «Ma probabilmente è proprio l'occhio non operato che si sforza e innesca la nevralgia. Non si preoccupi, con un buon paio di occhiali, tanto collirio e un po' di tempo le passerà tutto.»

Quel primo giorno tentai di non preoccuparmi. Ma il dolore era forte. Seguii ugualmente le indicazioni mediche, ma nulla, il calvario era solo all'inizio.

E siamo a oggi: dopo aver sperimentato, in cinque anni, oltre quaranta tipi e marche di collirio, cambiato più di trenta paia di occhiali, essere stato ricoverato in quattro ospedali, aver consultato circa cento medici subendo, nel frattempo, altri sette interventi agli occhi (!). E tutto questo senza arrestare minimamente il graduale ma inesorabile peggioramento del mio quadro clinico. Per trovare una cura appena sufficiente a lenire un po' i dolori ci sono voluti tre anni.

I tagli del bisturi avevano danneggiato e infiammato un'innervazione particolare degli occhi causando gravi danni a tutto il sistema nervoso e forti dolori al trigemino.

In tutto questo misterioso "dramma" medico-sanitario, mentre la mia salute peggiorava di giorno in giorno, "ne ho viste di tutti i colori": medici di fama internazionale, chirurghi, primari e professori, medici generici, oculisti, ortottisti, osteopati, psichiatri, neurologi, omeopati, preti, suore di clausura, maghi, agopuntori cinesi e tibetani, guaritori nostrani e pranoterapeuti stranieri, riflessologi e fisioterapisti... Ciascuno a suo modo pronto a far del bene, ma ognuno mostrando inevitabilmente la poca o tanta buona fede della propria scelta umana e professionale. Così è la vita...

In mezzo a questo lungo "guado" ogni settimana un nuovo appuntamento, una nuova visita, un altro consulto per proseguire a sperare e, dopo ogni speranza, la delusione dell'ennesimo fallimento.

In questi anni ho lottato quotidianamente come un disperato soprattutto contro il dolore: il nemico acerrimo era lui. Come unico "rimedio" e difesa veramente efficace c'era solamente lo stare il più possibile a occhi chiusi. Per poter tenere, invece, un po' gli occhi aperti, senza troppo dolore, ricorrevo a degli speciali occhiali a foro stenopeico, fatti arrivare appositamente per me dal mio amico Milana. Nessuna terapia del dolore risultava utile e anche le cure più pesanti come infiltrazioni di anestetici o di morfina arrecavano benefici solamente per qualche ora. L'assenza di speranza e la fatica di una solitudine sempre più crescente completavano il quadro.

Giornate lunghissime, intrise solamente di dolori, disperazione, medicine inutili, silenzi interminabili spezzati soltanto da qualche sempre più rara telefonata.

Giornate lunghissime, tra bestemmie e preghiere, in attesa della notte con l'angoscia di un risveglio alla luce purtroppo sempre uguale.

Giornate lunghissime con un'unica occupazione: continuare a lottare, non cedendo mai alla tentazione, ricorrente, di farla finita.

Esperienza assurda e drammatica nella quale e dalla quale ho imparato a rivedere profondamente la vita e i suoi valori.

Non pensando, infatti, che si trattasse solo di sfortuna ho dovuto cominciare a riconsiderare parole e concetti come felicità, amicizia, normalità, gioia e dolore, amore, vita e morte, soldi e carriera, salute e malattia, dialogo e silenzio, solitudine e compagnia, comunicazione ed equivoco, ecc.

Fino al giorno dell'intervento, ero un uomo ancora giovane, di quarantaquattro anni, con una buona salute, un ottimo lavoro nel settore televisivo, discreta popolarità, tanti amici e allegria, molti interessi e una grande rete di rapporti umani, sociali e di relazioni, sia in Italia che all'estero.

Queste erano tutte cose che mi appagavano e che, inoltre, avevano alla base un riconoscimento religioso della vita di cui andavo fiero. Dall'età di venticinque anni, infatti, ero entrato a far parte della Associazione laicale dei Memores Domini, una scelta importante e significativa di dedizione a Dio che avevo intrapreso con entusiasmo ricavandone grande gioia.

Quel disgraziato evento seppe invece ribaltare tutto in poche settimane. Con la perdita della salute il lavoro divenne improvvisamente difficile fino a risultare impossibile, con grave danno per il morale e per le tasche. Gli amici, dapprima numerosissimi, iniziarono prima a preoccuparsi molto e poi pian piano a diradare, fin quasi a scomparire del tutto. I familiari, non capacitandosi per quello che stava succedendo, generavano con la loro comprensibile sofferenza ulteriore tormento. Ma quel che più mi preoccupava, angustiandomi fino a perdere fiato, era che non si intravedeva nessuno spiraglio per una possibile soluzione.

Anche la convivenza nella casa degli amici Memores Domini, causa la persistenza della grave situazione di salute, era dovuta cessare, dopo circa venti anni, con grande dispiacere.

Venni così ospitato con molta generosità da una cara amica, Daniela, nella sua casa di Milano, per circa un anno; ma poi, trovai rifugio definitivo presso il piccolo appartamento adiacente quello di mia madre, a Legnano. La mamma soprattutto, e poi la sua vicina Arcangela, insieme a Giuliano e pochi altri, furono gli unici aiuti.

Anche lì stessa vita per altri quattro anni. Pensate a cosa vuol dire angoscia, dolore, depressione, male, disperazione e talvolta il cattivo pensiero di non farcela più. Anche il diavolo ci metteva infatti lo zampino, instillandomi sovente la voglia di farla finita. Tutto questo e... molto di più!

Il dolore era così continuo e quotidiano da non dar spazio a nessun altro tipo di attività se non quella della ricerca, spasmodica, di una soluzione. E così anche la denuncia nei confronti del medico che mi aveva procurato il danno tardò quasi cinque anni prima di essere avviata.

Ma talvolta le parole, da sole, non possono rendere neanche lontanamente l'idea di cosa significhi patire, ogni minuto, un dolore lancinante per un tempo ininterrotto di mesi, mesi e ancora mesi. Ma il coraggio è la virtù della speranza.

E così la continua fedeltà dei pochi amici rimasti, l'amore di chi mi voleva veramente bene, l'affetto instancabile di mia madre, i pochi soldi rimasti, unitamente a un carattere forte di cui il buon Dio mi ha dotato, mi hanno permesso di continuare sempre a lottare e a sperare, "tirando" ogni giorno e pensando solo di arrivare a sera, per poter chiudere gli occhi.

Un pomeriggio di fine settembre del 2005 mi arriva una telefonata da parte di Roberto Formigoni che dice di prepararmi, perché, all'indomani, sarebbe passato a prendermi per portarmi, in giornata, con un aereo privato a sue spese, direttamente a Lourdes per implorare la grazia della guarigione. Seppur stremato dal dolore, o forse proprio per questo, accettai sorpreso l'invito del presidente della Regione Lombardia e così, insieme ad altri tre amici, ci recammo dalla Madonnina della cappella di Lourdes, a invocare il miracolo.

Davanti alla grotta dell'apparizione, con Roberto, ripetemmo a lungo l'invocazione insegnataci da ragazzi: *Veni Sancte Spiritus, veni per Mariam*.

Devo dire che in tutto questo quadro la fede ha avuto un ruolo decisivo e determinante: non ho mai potuto accettare l'idea che Dio mi volesse male, lasciandomi per sempre in uno stato del genere, in fondo gli avevo dedicato la vita.

E infatti un bel giorno, miracolosamente, arrivò l'inizio della soluzione.

Aveva le sembianze di un bella dottoressa dai riccioli d'oro. Per la prima volta quello "splendido" dottore seppe fare la diagnosi corretta, a cui seguì una adeguata ed efficace, seppur lunga, terapia. Dopo esami particolari, cure non più chimiche ma rimedi omeopatici, magistralmente dosati, diedero inizio al miracolo.

Adesso sono finalmente quasi guarito e tornato alla vita normale.

Giovanna, il bel dottore dai riccioli d'oro, nel frattempo, è diventata mia moglie.

Sembra un film americano, ma non è così, è proprio una storia vera. Spesso la realtà supera la fantasia e adesso, in due parole, vi racconto come sia accaduto l'incontro miracoloso con Giovanna, perché il fatto ha tutto il sapore del mistero e merita di essere conosciuto.

Era il 22 febbraio del 2006, data in cui si ricorda la scomparsa di don Luigi Giussani, che per me era stato come un padre, e quel giorno, ormai allo stremo delle forze, mi ero fatto accompagnare presso i frati del Carmelo per confessare tutte le mie mancanze, compresa quella definitiva che avevo ormai in animo di compiere da lì a poche ore.

Padre Atanasio e fra' Tommaso mi accolsero con dolcezza mista a sgomento, accorgendosi che ormai la disperazione da dolore era tale che a poco sarebbe servita qualche loro buona parola di consolazione. Ma al momento del commiato, con evidente commozione di entrambi, uno dei due saggi frati ebbe un sussulto e, giunti quasi sul portone della chiesa, mi indicò la statua di santa Teresina, dicendomi: «Marco, oggi, nel giorno che ricorda la scomparsa di don Giussani, affidati a Lui e prega santa Teresina, perché anche Lei nella malattia ha avuto più volte, ricorrente, la tentazione del suicidio». Mi inginocchiai di fronte alla statua della piccola santa di Lisieux, tolsi i pesanti occhialoni neri e iniziai a leggere la *Novena delle Rose*. La novena è una forma particolare di preghiera affidata all'intercessione di un santo, che si recita per nove giorni di seguito, con la richiesta di ottenere una grazia importante. Ma la *Novena delle Rose* dedicata a santa Teresina ha una sua originalità molto particolare, da cui il nome, rappresentata dal fatto che, prima del termine dei nove giorni di preghiera, il richiedente può ricevere una rosa in segno della imminente concessione della grazia, quasi come caparra. Ad apprendere ciò il mio animo ebbe un istintivo moto di incredulità ma, tornato a casa, alla sera, iniziai ugualmente la novena, con fede.

Al settimo giorno di preghiera, nel tardo pomeriggio, uscii di casa bardato dai soliti occhiali neri per qualche minuto d'aria. Trascinandomi dal dolore e imbottito di farmaci, improvvisamente, svoltato l'angolo, mentre già mi accingevo a rientrare, letteralmente mi imbattei contro un indianino dalla pelle scura che, con un gran sorriso, mi offrì l'ultima rosa del suo mazzo, felice di averle terminate. Più felice di lui, gli feci una lauta offerta e tornai velocemente a casa proprio con quel fiore in mano e il cuore gonfio di speranza.

Il 2 marzo terminavano i giorni della novena e, recitata per l'ultima volta, prima di andare a letto, era già notte inoltrata, mi misi davanti al computer e, dopo un po', per ingannare il tempo, mi collegai a un sito di incontri dove, giorni addietro, avevo inviato il mio profilo, con una breve descrizione della mia situazione e con una frase di annuncio che suonava pressappoco così: "se credi nel destino proviamo a cercarci". Quella notte, neanche il tempo di collegarmi a quel sito, vidi lampeggiare sullo schermo del pc una bustina verde indicante una persona che stava mettendosi in contatto con me: era Giovanna che rispondeva al mio appello!

Mai avrei immaginato che don Giussani potesse affidare a Teresina l'arduo compito di realizzare il miracolo richiesto, ma soprattutto mai avrei pensato al fatto che tale evento potesse compiersi attraverso un sito web e che in questo modo avrei trovato Giovanna, la mia salvezza e poi anche la mia gioia.

Quel sito, facendomi incontrare Giovanna, era così diventato lo strumento di un arcano disegno della provvidenza. Di lei non sapevo nulla e ancor meno che si trattasse di un medico e di una bella donna.

Invece proprio quella donna mi ha guarito, salvandomi dal dolore e ridonandomi a poco a poco la vita. Il suo cuore, poi, e non solo, ha contribuito a fare il resto e così, conquistato, oltre alla salute, con Giovanna ho riscoperto anche l'amore. E secondo me questa storia è una piccola dimostrazione dell'esistenza di Dio...

È da questa esperienza eccezionale, per certi aspetti grandiosa quanto incredibile, che ho ricavato importanti e profondi insegnamenti da me poi tradotti in questi piccoli "appunti utili per la vita".

Prima di inoltrarci, però, devo ancora spendere due parole su mia moglie Giovanna, o meglio, sulla dottoressa Bardellini e la sua omeopatia.

Iniziamo dall'omeopatia. I medici tradizionali, in genere, ne parlano non bene, e questo capita per ignoranza e superficialità, non sanno di cosa si tratti. Al più, è opinione comune che l'omeopatia non faccia né bene né male e che pertanto serva a ben poco: “acqua fresca” è il commento classico! A questo luogo comune, abusato oltre che falso, si aggiunga che le grandi case farmaceutiche fanno di tutto per incentivare tale falsità e che, per giunta, i medici omeopati seri in circolazione sono pochi e spesso molto contrastati.

L’omeopatia nel mio caso, invece, è stata risolutiva. Dopo anni di antidolorifici, neurolettici, oppiacei e quant’altro – operazioni chirurgiche inutili e dannose che mi avevano ridotto a uno straccio – già dalle prime mosse di Giovanna avevo intuito che la sua terapia omeopatica non scherzava...

Innanzitutto la diagnosi. Nessuno fino a quel giorno l’aveva fatta con precisione. Si era parlato di fotofobia grave, di cheratite, di sindrome da deficit posturale, di disturbi psicosomatici e altro ancora, ma nessuno che avesse accertato effettivamente la natura precisa del danno, per poter poi procedere adeguatamente.

Ebbene, l’accertamento diagnostico di Giovanna si avvalse, invece, di approfonditi esami del sangue con i quali constatò la presenza di inneschi infettivi che generavano una grave forma di neuropatia, ormai cronica. Tale patologia, scatenata da virus entrati in circolo a causa dell’infezione procurata dal primo bisturi, iniziava a dar ragione di un quadro clinico apparentemente inspiegabile. Da rilevare che nessun altro medico, fino a quel momento, aveva prescritto tali tipi di accertamenti e di esami clinici.

A questo punto non mi resta altro da dire.

Viva l’omeopatia e i medici che la sanno praticare.

Qualche importante e seria domanda sul perché in Italia tale disciplina medica sia ancora così osteggiata, a questo punto, sorge però spontanea.
In quanto poi alla dottoressa Bardellini, o meglio a mia moglie Giovanna, non credo di far torto alla verità nel dire che si tratta di un bravo medico ma soprattutto di una donna veramente eccezionale. I prossimi capitoli ne sapranno dare, credo, la giusta evidenza.

Adesso una piccola avvertenza ai lettori. *Un Angelo mi ha salvato* è sicuramente un libro rivolto ai giovani, ma credo che sia interessante anche per i più maturi. Quando siamo giovani, infatti, tranne rari casi, con cuore aperto e sincero amiamo ogni azione bella e generosa, siamo inclini al bene e desideriamo la verità sopra ogni cosa; invecchiando, invece, talvolta si rischia di perdere questo slancio, ci si demoralizza. Ma è sempre il cuore a comandare, non la carta d'identità. Grigia è la teoria mentre verde è l'albero della vita. Sempre, anche a novant'anni, e speriamo di arrivarci...

*Ad Deum qui laetificat juventutem meam*

# I
# La felicità

> La vita dell'uomo consiste nell'affetto che principalmente lo sostiene e nel quale trova la sua massima soddisfazione.
>
> *San Tommaso*

Si può essere felici? A questa domanda è possibile per fortuna rispondere positivamente, ma bisogna capirsi bene sul termine.

Una volta un amico, giornalista di «Panorama», mi ha detto: «In fondo la domanda sulla felicità è proprio inutile». Giusto, ho risposto secco, non serve proprio a nulla, se non a trovare il senso della vita...

Sono sempre più convinto, infatti, che cercare senza sosta la felicità, in questa vita, sia l'applicazione più giusta e più bella del vero spirito di rivolta, contro ogni facile conformismo e a vantaggio di una reale costruzione umana e civile, oltre che nostra personale. E scusate se è poco!

E a questo proposito, dopo tanti anni, ho iniziato a capire che la felicità non dipende dall'avere un temperamento esuberante e allegro, o nel fare e ottenere sempre ciò che si vuole; e non è neanche uno stato di intimo godimento, legato alla somma di tante cose che vanno più o meno bene: la salute, il lavoro, lo studio, la famiglia, il denaro, ecc.

D'altra parte, anche non desiderare di essere felici non è in nostro potere, non è possibile. Chi, infatti, non vuole o non aspira a essere felice? Credo nessuna persona al mondo!

Ma cosa significa essere felici?

La gente, per lo più, pensa che la felicità consista nel realizzare liberamente ciò che si vuole e anch'io la pensavo un po' a questo modo. Nella mia esperienza, invece, ho imparato che non è proprio così.

La felicità, infatti, consiste nel realizzare, liberamente, la finalità per la quale siamo stati creati. La differenza è sottile ma decisiva. E allora diventa fondamentale saper distinguere esattamente questa differenza, individuando bene la giusta finalità: ne va del senso della nostra vita. Ma su questo punto, così difficile, non siamo soli, perché ci viene in soccorso il cuore. È proprio lui, infatti, il nostro cuore, che vive di un presentimento continuo di felicità. Ce la richiede in ogni istante e in ogni cosa che facciamo, è sempre all'erta, come una sentinella. Non c'è un minuto della nostra vita che non veda il nostro cuore "agitato" e mosso da questa sete di felicità.

E cos'è, allora, questa felicità che il nostro cuore desidera continuamente e per la quale siamo veramente fatti e destinati?

Nella mia vicenda ho capito una cosa molto semplice, ed è che noi siamo destinati al tutto, alla pienezza. Siamo stati creati per la gioia, per la vita che non finisce mai: questo è il nostro traguardo e questo ci interessa. Il nostro cuore desidera l'infinito. Questa è la nostra vera aspirazione!

La ricerca della felicità, allora, coincide sempre con questa tensione di fondo, anche quando non ne siamo consapevoli. Una cosa o l'altra ci possono fare più o meno contenti ma la felicità non appartiene solo alla natura dell'avere.

Anche quando, da giovane, cercavo gli amici, l'automobile nuova, la carriera prestigiosa, la salute fisica, ricercavo sempre, sotto forma diversa, la felicità. «*Omnia locuuntur unum*» diceva Jacopone da Todi, "tutte le cose parlano dell'unica cosa". Prima non lo sapevo, ma adesso sì.

Troppe volte, invece, nelle nostre giornate, il rischio è quello di identificare il valore della felicità solo nel bene ricercato e nella cosa da avere. E questo poi, inevitabilmente, delude.

Invece è anzitutto il valore di noi stessi che conta e questo coincide sempre e solo con il nostro Io, con il fatto di dare spazio, sempre, in ogni istante, a questa domanda originaria di felicità e di pienezza, come bambini. Quando il nostro cuore "vibra" per qualcuno o per qualcosa bisogna andare fino in fondo e capire bene di cosa si tratta. Allora, e solo allora, scopriremo che non si tratta mai solo della cosa in sé...

Quando ho scoperto che questa era la dinamica reale, l'impasto di cui era fatto il mio cuore e la mia persona, è stato a quel punto che nella mia vita la felicità si è messa seriamente "in agguato".

«Cosa importa, infatti, all'uomo possedere tutto intero il mondo se poi perde se stesso?» Ovvero, che vale il mondo rispetto alla vita?

Il vero valore in gioco non sono le cose da fare o da possedere ma è sempre la nostra persona, il nostro Io, in quanto coscienza di sé e di tutta intera la realtà. Solo chi vive se stesso così, come una persona, come un tutto che ha senso e significato, potrà poi capire gli altri. Ma come è difficile vivere questo!

Noi, infatti, non siamo molto abituati a occuparci del nostro Io e della nostra persona, intesa in questo senso. Normalmente trascuriamo tutto ciò, occupandoci semplicemente delle nostre reazioni o dei nostri stati d'animo procurati dall'impatto con le cose o con le circostanze. E anch'io, spesso, ho scambiato il mio cuore con le cose da fare e da realizzare, e così mi ingannavo. Normalmente, noi crediamo di star bene se ci vanno bene le cose... ma non è semplicemente così, o almeno non basta; c'è sempre una punta di insoddisfazione che fa capolino... ma è proprio a questa che bisogna dar retta!

Porre attenzione a questa ferita che abbiamo dentro è la grande occasione. In essa, misteriosamente, si nasconde l'inizio del nostro cammino verso l'incontro con la felicità più autentica e con un volto che ce la sa offrire.

Quel che ci vuole, infatti, è che il fondo del nostro Io, pur dentro la lotta di ogni giorno, sia in pace, sereno e tranquillo, affidato come un bambino in braccio alla madre. È solo con la pace nel cuore, che deriva dall'incontro con una presenza reale, in carne e ossa, che è possibile affrontare la lotta del vivere senza perdersi.

La familiarità nel dire Io, la sua consapevolezza piena, comincia infatti solo quando qualcun altro ti dice Tu, quando, cioè, ti accorgi che un altro ti guarda in un modo che ti commuove, perché "comprende" per intero il tuo essere. In mezzo a tutto il mio tormento di dolore e sofferenza Giovanna, per me, è stata questo. A quel punto ho iniziato a capire che il mio cuore, non solo i miei occhi, aveva fame e sete di bene.

A me è capitato così, sopraffatto dall'amore.

Quando un fatto così eccezionale ci capita e ci smuove il cuore fin nel profondo, allora, anche la maturità dell'Io incomincia a svilupparsi e così anch'io ho imparato a dire Tu, a mia volta con amore, a una presenza reale. E l'affezione cresce in rapporto a questa consapevolezza. A me questo era capitato dapprima in famiglia, e per questo sono molto grato ai miei genitori, ed era poi proseguito, nel tempo, con gli amici, soprattutto con quelli più grandi e autorevoli, fino a oggi, quando, l'ingresso nella mia vita di una persona speciale, Giovanna, mi ha aperto definitivamente il cuore e la mente.

Il cuore, infatti, è pieno di ragioni più ancora della nostra stessa ragione; esso è la casa del nostro Io ed è costituito da una domanda infinita di giustizia, di verità e di bellezza. Questa domanda è una aspirazione che ci connota profondamente fin dall'origine, che investe tutte le nostre fibre e che ci porteremo sempre appresso, fino alla fine. Capire questo è la vera ragionevolezza della vita. A ogni angolo della strada, come notava Clemente Rebora, infatti c'è scritto: "non è per questo, non è per questo", è ancora più in là, sempre più in là. Fino alla meta. Come è vero questo, e io pensavo anche già di saperlo. Ma non basta sapere per conoscere, bisogna amare. Così mi sono accorto in modo ancor più evidente che, in tutto ciò che si fa, il nostro cuore sente proprio il bisogno di corrispondere già da subito, nell'istante, a qualche cosa di più grande di sé, di molto più grande, per il bene del mondo intero. Solo questo ci basta. Il volto delle persone amate è il segno potente che coincide con la risposta a questo bisogno.

Se per me non fosse stato così, sei anni di dolore e di solitudine mi avrebbero ucciso. Prima di tutto nell'anima.

«Felice è colui che sente di inglobare nella sua anima il mondo e si sente in comunione con la propria interiorità, così da vivere in armonia con il senso di ogni cosa» (Aristotele).

Ogni cosa, bella o brutta, che ci capita, ha senso unicamente nella prospettiva di un disegno più grande. Solo così si può sperimentare la spettacolare grandiosità dell'avventura che è la vita umana!

E così, a mie spese, mi sono accorto che in ogni azione che facciamo e in ogni aspetto del nostro essere noi ricerchiamo sempre il senso permanente e definitivo delle nostre aspettative, ne attendiamo sempre una risposta chiara. Lo desideriamo con tutte le nostre forze. Non c'è, in fin dei conti, altro da chiedere se non questa felicità, questa corrispondenza. Per questo Sant'Agostino diceva che «il nostro cuore è inquieto finché non riposa in Te». Il che non è semplicemente il meritato riposo finale, ma un riposo attivo, pieno di gusto e di serenità, da sperimentare giorno per giorno, subito, in ogni istante. Ne abbiamo bisogno come l'aria da respirare. La vita eterna inizia in noi così, già da ora, come una corrispondenza, seppur ancora imperfetta, con la realtà e la totalità delle cose.

Quanto più, in ogni istante che passa, esiste in noi la coscienza dello scopo, del motivo per cui spendere l'esistenza, del rapporto con l'infinito, tanto più l'istante diventa felice, perché ci scopre all'opera, e noi diventiamo protagonisti di quel che stiamo facendo, il segreto per vivere bene è racchiuso qui.

Essere protagonisti: è un po' l'aspirazione di tutti, sembra difficile riuscirci, ma in realtà non lo è poi tanto. Per esserlo, infatti, è sufficiente capire bene, con semplicità, quel che facciamo, sempre, in ogni suo aspetto, accettando serenamente gli eventi, abbracciandoli pur nell'iniziale eventuale insoddisfazione. Provando a sperimentare questo tipo di rapporto con la realtà, in tutti i suoi fattori, dentro l'apparenza materiale delle banalità di ogni giorno, mi sono accorto, così, che al fondo delle cose c'è sempre anche un rapporto con un'altra presenza, che molti chiamano Dio e che ci permette questo. Senza la coscienza di questo rapporto si è un po' come morti dentro. La semplicità, invece, del riconoscimento di questa presenza ci rende sicuri, sereni e anche più intelligenti. Provate a ricordarvelo ogni mattina! Senza il rapporto personale con questa presenza è impossibile distinguere, veramente, per chi e per che cosa valga la pena spendere la nostra vita. Viceversa, con la coscienza chiara di questa presenza amorosa che ci è compagna, noi siamo come dei "guerrieri" indomiti, pronti e sempre all'attacco, ma soprattutto lieti. Con la coscienza di questa presenza al nostro fianco è più semplice amare ed essere felici. Ecco svelato il segreto per essere protagonisti e non c'è neanche bisogno di andare in televisione... Essere protagonisti significa avere la consapevolezza del proprio volto, unico e irripetibile, di fronte alla storia e all'eternità.

Come uno dei frutti più belli maturati dentro la mia esperienza, adesso, posso dire con sicurezza che la felicità per me è coincisa proprio con il riconoscimento di questa presenza che mi ama e per la quale mi accorgo di essere fatto; cogliere questo nel volto di Giovanna è stato facile. Saper cogliere questa realtà dentro i cento volti e le mille occasioni che la vita, nonostante tutto, mi continua a offrire è, ora, la sfida di ogni giorno.

Tristezza, malinconia, nostalgia e tanti altri sentimenti negativi vengono come spazzati via e continuamente illuminati da questa luce nuova.

Questa dinamica esistenziale vale più di mille successi, di cento donne o di dieci sedute di psicoterapia, e poi è semplice.

«Il vero viaggio verso la felicità non consiste nel

cercare nuove terre ma nell'avere occhi nuovi.» Riporto non senza un po' di ironia questa bella frase di Marcel Proust che mi sembra faccia proprio al caso mio... ma credo anche vostro!

Ho imparato a vivere così, con intensità, nella gioia e nel dolore, grazie a tanti amici e ad alcuni padri e maestri. L'esperienza di oltre vent'anni di vita nella bella compagnia dei Memores Domini è stata decisiva. Giovanna, ora, è la mia strada alla felicità.

Non ho mai lesinato sulla domanda di bene che il mio cuore poneva alla realtà, neanche quando mi sarei potuto accontentare. Bisogna fare così, la risposta prima o poi arriva sempre. L'importante è essere leali con la domanda e insistere. Il bel giorno arriva d'improvviso, come un imprevisto.

Ciascuno di noi è fatto e destinato alla felicità eterna. Sempre che lo vogliamo, lo ricerchiamo, lo domandiamo. Instancabilmente. Se questo non diventa il contenuto del nostro impegno quotidiano ci si demoralizza e si diventa anche un po' banali. Viceversa, se la domanda di felicità diventa familiare al nostro cuore, siamo a un passo dall'incontrarla.

La grandezza di una persona si misura in base a quel che cerca e all'insistenza con la quale rimane in ricerca.

«Possiamo quindi dire che un cambiamento decisivo in direzione della salvezza e della felicità può giungere solo per una sorta di miracolo... in altre parole, ogni nuovo inizio è per sua natura un miracolo.»

Con queste parole di Hannah Arendt concludo il capitolo sulla felicità, ricordando poi che ogni nostra rinascita, ogni nuovo inizio, è sempre per un compito più grande. Auguri!

# II
# L'amicizia

> L'amicizia vera implica sempre una serietà del vivere.
>
> *Giorgio Vittadini*

Se ripenso ai miei amici, il più delle volte non posso che stupirmi della profondità del rapporto che nel tempo si è andato creando.

L'amicizia è un bisogno e quando la trovi è un dono, un grande regalo che il destino fa a noi. Questo dono, in vita mia, l'ho ricevuto molte volte.

L'amicizia è fondamentale. Infatti l'uomo è, per sua natura, rapporto, comunione, relazione con altri. Senza amici non siamo quasi più noi stessi.

Per questo l'antico detto popolare del *Siracide* «Chi trova un amico trova un tesoro», pur nella sua semplicità, rivela una grande verità.

Ripensando, tra l'altro, al capitolo precedente non possiamo non riconoscere che la felicità è un bene che è impossibile "consumare" in modo individualistico. C'è bisogno di compagnia, sempre e per chiunque. E anche chi è solo, in realtà, non è mai solo. Per amico mi è rimasto solo Dio, cantava Mina... e da Lui riparte, poi, sempre tutto!

L'amicizia è una virtù e, strano a dirsi, è la virtù

dell'obbedienza. Obbedienza, innanzitutto, al dono ricevuto.

Ma intendiamoci, un amico non ubbidisce a me e io non obbedisco a lui. Entrambi "obbediamo" a ciò che capita all'uno e all'altro, condividendone con affetto la circostanza concreta e il significato connesso. Amicizia, quindi, vuol dire in qualche modo accompagnare e partecipare del destino dell'altro. Solo questa condivisione cementa il rapporto. Quando Mario Molteni e altri miei amici sono venuti al mio matrimonio con Giovanna ho capito meglio che lo erano per davvero anche prima. Mi hanno sempre accompagnato, con rispetto e libertà, incontro al mio destino. Ora non posso che essere loro grato.

«Da giovane chiedevo agli altri più di quanto potessero darmi: un'amicizia continua, un'emozione incessante. Ora so chiedere meno di quanto possono dare: una compagnia senza parole. E le loro emozioni, la loro presenza, i loro gesti, conservano interamente ai miei occhi un valore di miracolo: un effetto esclusivo della grazia.» Faccio mie queste straordinarie parole del Primo uomo di Camus per dedicarle a tutti coloro che sono amici così.

L'amicizia, a differenza del rapporto amoroso, è meno esclusiva.

Fin da ragazzo ho sempre sperimentato che l'amicizia facilita una reale esperienza di libertà e di affezione, essendo meno soggetta agli inevitabili "ricatti" che in ogni relazione amorosa, anche senza volerlo, si possono creare. Per questo, a volte, certi amici ci sanno comprendere e stare vicino molto più di un familiare. E per fortuna che ci sono!

Così, quando ci tormenta la povertà o ci rattrista un lutto o ci rende addolorati e sofferenti un malanno fisico o morale, con la vicinanza di persone buone e veramente amiche... è tutta un'altra musica!

Ho sempre sentito ripetere fino alla noia la frase: "Gli amici si vedono nel momento del bisogno", ma è proprio così, e lo è solo con gli amici veri, che non sono comunque tanti e che sanno godere con te, quando stai bene, ma anche soffrire con te, quando stai male. A proposito, ho scoperto che si potrebbe coniare una apposita formula matematica per testare e verificare le amicizie, la chiamerei la legge del quadrato: l'amico vero raddoppia le gioie e dimezza le angosce.

La presenza degli amici si manifesta in modo discreto e affezionato, sono un po' la nostra custodia. Di questo fatto ne ho avuto personalmente esperienza sincera e talvolta commovente.

Gli amici veri mi hanno sempre saputo rivolgere parole di conforto e di speranza, fino a dimostrarmi che avrebbero dato anche se stessi per aiutarmi.

Per questo non è azzardato arrivare a dire che "nessuno ha un amore più grande di chi dà la vita per i propri amici".

Ma quanti hanno il privilegio di averne veramente tali, così fedeli da poter essere sicuri di loro, sempre, fino in fondo?

L'amicizia è proprio un grande regalo che la vita ci fa e non c'è amicizia vera se non quando Dio lo permette, unendo in se stesso i fili del cuore di due o più persone. Per questo ho capito che tale dono è proprio uno dei modi più privilegiati, forse il più bello, con cui la presenza di Dio si manifesta a ciascuno di noi.

Non c'è vita al mondo in cui questo non possa capitare.

Poche sono le cose indispensabili e tra esse ci sono sicuramente queste due: la salute e l'amicizia.

L'uomo è stato creato per l'esistenza e per la vita: ecco la salute. Ma perché ciascuno di noi non fosse solo nel percorrere il proprio cammino e per condividerne lo scopo, ecco la necessità dell'amicizia.

Negli ultimi anni, grazie a quanto mi è capitato, sono diventato più "esperto in umanità" avendo avuto modo di apprezzare sempre di più anche le piccole sfumature e i segreti del cuore a cui prima non avevo mai fatto caso. Mi sono come raffinato, iniziando a cogliere di più la sensibilità mia e degli amici.

Ne ho così compreso alcuni modi tipici di espressione: l'amicizia è sollecita ed è pronta in qualsiasi momento; non è una semplice benevolenza o una casuale affinità di interessi o gusti condivisi, né tanto meno una banale compagnia dedita solo al divertimento.

Il contenuto dell'amicizia vera è un aiuto reale sulle cose concrete della vita. Essa può prendere spunto e attecchire da qualsiasi particolare o circostanza, ma poi è globale. È gratuita, disinteressata, libera, fedele, impensabile prima.

Nei circa sei lunghi anni di dolore segnati dalla mia malattia ho avvertito in mille modi che, pur nella lontananza fisica, molte erano le persone che mi erano comunque "vicine". Chi con una telefonata, chi con un pensiero, con una visita, con un aiuto concreto, altri con una lettera, taluni con le preghiere e talvolta anche con sacrifici; amici leali e sinceri che magari non vedevo da anni ma sui quali so che potrò sempre contare. Comunque non bisogna mai pretendere dagli amici, anzi, casomai bisogna dare. Un gesto d'amore moltiplica gli amici.

L'amicizia significa anche non essere mai ipocriti né falsi, per interesse o per comodità. L'adulazione o la finta cortesia, che sembrano essere atteggiamenti di generosa amicizia, talvolta nascondono inganno o gelosia. Me ne accorgo solo ora, prima ero offuscato dal mio ego gonfio di orgoglio. Tanti presunti amici erano solo degli opportunisti.

A volte, invece, mi è capitato che un vero amico pronunciasse nei miei confronti parole dure di correzione, obiettandomi vivacemente e riprendendomi. Così, quando è stato necessario, siamo arrivati a un confronto talmente serrato da sfociare, talvolta, persino in polemica o addirittura in litigio.

Ma il vero amico, anche dopo cento scontri e mille discussioni, non si perde mai, il rapporto non si rompe. Anzi, se la lealtà è per entrambi la condizione essenziale dell'amicizia, allora il rapporto cresce e si matura. Non si può essere veri amici, infatti, se non amando la verità. Un'amicizia così, amante del vero, diventa inevitabilmente un'autentica compagnia al destino, che rafforza, rallegra e alimenta il nostro animo e la nostra persona per tutta la vita.

L'amico si compiace di noi e, se siamo nel suo cuore, non solo non parla mai male di noi, ma si frappone e ci difende sempre nei confronti di chiunque ci voglia attaccare.

Egli ci stima e ci vuol bene prima ancora di capire se abbiamo ragione o no. Poi magari, a tu per tu, si arrabbia e ci insulta... In privato ci riprende e in pubblico, invece, ci loda. Tutte le volte che un amico ha fatto così, ho sentito crescere stima e ammirazione per lui e per me, per la nostra unità.

Con l'amico si vive a tal punto una corrispondenza di cuore che a lui possiamo confidare un segreto importante, sicuri di non essere traditi. Un amico vero sa quasi tutto di noi e, nonostante questo, ci vuol bene lo stesso.

Parafrasando san Paolo, si potrebbe dire che l'amicizia è paziente, è benigna, non è invidiosa, l'amicizia non si vanta, non si gonfia, non manca di rispetto, non cerca il suo interesse, non si adira, non tiene conto del male ricevuto, non gode dell'ingiustizia, ma si compiace della verità; l'amicizia tutto crede, tutto spera, tutto sopporta. Anche se talvolta...

Sì, ho capito, mi sembra già di sentire gli scettici sentenziare: "Un'amicizia così non esiste!". Sappiate che non è vero e ve lo dico per esperienza personale. Però sicuramente si tratta di merce rara ed è più facile vedere mille amori estremi che un'amicizia così perfetta. E d'altra parte, come vedremo nel prossimo capitolo, non si dà vero amore che non sia anche amicizia sincera, anzi, il vero amore è una amicizia con il fuoco dentro. Quando penso a Giovanna lo capisco bene, perché per noi è così.

Certo, poi bisogna anche sapersi esercitare con sensibilità e pazienza per meritare e ottenere un rapporto così bello e profondo. Ma quando questo accade, da ciò scaturisce sempre una forza che corrobora e crea il rafforzamento e l'equilibrio della nostra personalità. È la forza dell'appartenenza, del sentire che la nostra vita non è un cammino solitario.

In un certo senso affermare l'amico è affermare di più se stessi, anche perché nessuno può dire di conoscersi veramente, da solo. Così è stato per me fino a quando non ho incontrato degli amici che hanno saputo rivelare me stesso ai miei occhi più di quanto non ne fossi stato capace, io stesso, fino ad allora.

Affermare la presenza dell'altro è lo spunto in assoluto più provocante per sentire e capire se stessi e, comunque, l'unico modo per avere un amico, è essergli sempre amico...

Questo è un esercizio interessante della libertà in gioco e io ho avuto la fortuna di essermi allenato in questo, per decenni, all'interno di una compagnia vivace e intelligente. Ora ne godo abbondantemente i frutti.

Per ottenere e vivere un'amicizia così è necessario però anche pregare. E che Dio conceda anche a voi questa grazia.

A tal proposito non vorrei dimenticarmi di dire che è proprio la preghiera la prima forma di amicizia vera che abbiamo a disposizione per parlare direttamente con Colui che, in assoluto, è il nostro migliore amico.

Egli è sempre presente, connesso... e in ascolto, ci aspetta.

L'irruzione della Sua presenza è sempre dietro l'angolo, dentro le circostanze, attende solo che lo riconosciamo per farsi trovare. È nel viso di ogni volto amico.

# III
# L'amore

Le grandi acque non potranno mai spegnere l'amore, né i fiumi travolgerlo.

*Cantico dei Cantici*, 8,7

Con Giovanna mi sono sposato nella bella basilica romanica minore di San Magno, a Legnano, il 24 giugno del 2007, giorno di San Giovanni. Lei era bellissima, io un po' meno. La fatica delle giornate ancora intrise di dolori non mi dava un gran bell'aspetto ma non mi avevano spezzato lo spirito, sicuramente anche grazie a lei. Andai all'altare teso e imbottito di farmaci ma felice. Dopo i giorni successivi al matrimonio, anche per scappare un po' dalla canicola estiva, decidemmo che il nostro viaggio di nozze, nonostante le mie ancora precarie condizioni di salute, andasse ugualmente fatto. E così, approfittando di un gentile pensiero dei genitori di Giovanna, ci trasferimmo a pochi chilometri di distanza, a Ranco, vicino ad Angera, sul Lago Maggiore. Una località deliziosa da andare a vedere almeno una volta.

E così un pomeriggio, all'imbrunire, incisa su di una meridiana disegnata sul muro di un vecchio campanile di un paesetto sulla sponda lombarda del lago, ci imbattemmo nella seguente frase: "Il tempo vola, il sole sorge e le ombre cadono. Lasciale passare e vivi tutto in letizia, perché l'amore è dentro tutte le ore". Allora ho pensato che la forza più potente della terra è l'amore, che è il principio dell'esistenza e anche il suo unico fine. In esso e per esso noi troviamo la forza e il coraggio di andare sempre avanti, pur in mezzo a mille difficoltà. Ho guardato Giovanna e mi sono messo a piangere, come un bambino. Ma quella volta non erano lacrime di dolore... e lei se ne è accorta.

Ieri, invece, dopo una giornata di dolori più intensi del solito, ho ricevuto dalla mia Gio' un messaggio sul cellulare: "L'amore ci aiuta a vivere l'oggi e ad avventurarci nel domani, dandocene la forza. Ti amo". Che gioia ho provato nel leggere queste parole!

Con mia moglie percepisco spesso, con chiarezza, che l'amore è la festa del cuore, è proprio la sua festa. E perché la festa non duri soltanto un giorno ma, nel tempo, possa invece diventare l'esperienza più solida e più bella della nostra vita, in questi anni di sofferenza ho iniziato a domandarmi che cosa sia veramente l'amore e quali siano le sue caratteristiche più importanti. Adesso, insieme a lei, inizio ad avere le idee più chiare.

Vorrei scrivere tante frasi belle e romantiche, ma forse questo non è il modo migliore per descrivere cosa sia in realtà l'amore e cosa sto sperimentando. E poi gli aforismi o le frasi fatte su misura lasciamole ai baci Perugina. Si può, invece, provare insieme a ragionare e cercare di capire...

La prima caratteristica dell'amore che sento vera è la totalità, cioè la dedizione assoluta che si prova per l'amato o per l'amata.

Quando sono stato innamorato, due volte seriamente in vita mia, sarei stato prontissimo a donare ogni cosa di me all'amata.

E provate a dirmi chi, quando è innamorato veramente, non sarebbe pronto a dare tutto se stesso per l'altro?

All'inizio di ogni rapporto d'amore, infatti, si avverte in fondo al cuore questa corrispondenza totale. Una sintonia così piena che al di fuori di essa non c'è niente, non tralascia nulla. Ogni cosa di noi e della realtà rientra in quel rapporto, almeno come significato e come rimando continuo del cuore ad esso.

Questo concetto lo esprime bene il grande teologo Romano Guardini: «Nell'avvenimento di un grande amore, ogni particolare diventa un evento all'interno del suo ambito».

Mi ricordo, a questo proposito, che, la prima volta da fidanzato, ogni particolare della mia giornata rimandava alla presenza dell'innamorata: parole, circostanze, canzoni, profumi, situazioni, numeri, simboli, modi di dire ecc. E questo mi capita ora, di nuovo, con Giovanna, molto più profondamente. Vivo così un'esperienza quotidiana che dona intensità sconosciute, una densità di rapporto con le cose e con il reale che trova il suo cuore proprio là dove è il mio tesoro... La giornata ha così il suo baricentro.

La seconda caratteristica dell'amore, che ho molto rivalutato, è quella dell'eternità, cioè per sempre. Si chiama fedeltà.

Chi, quando è innamorato, non desidera infatti che quel rapporto duri per sempre?

L'amore, e intendo l'amore fedele, è una successione, senza sosta, di attenzioni sempre meno imperfette che alimentano la vita dell'amato e la rinnovano in continuazione. Il vero amore è quindi una fedeltà che cresce nel tempo, che implica un lavoro e che costruisce certezze, donando pace. Come è bello sapere di stare costruendo un'opera che non avrà mai fine. E non mi pare il caso di aggiungere altro.

La qualità del rapporto si misura sempre in base anche alla durata, ma vedremo subito dopo perché spesso non si riesce a durare, a dare tenuta.

La terza caratteristica, che mi ha sempre colpito, è la condivisione del destino dell'altro. Ma cosa significa condividere il destino?

Cosa significa amare il destino tuo e dell'altro?

Significa riconoscere la presenza del Tu nell'altro, riconoscere in quella persona amata il segno preferito che il Mistero ti ha donato, nel bene e nel male, fin nei particolari. Dire "Giovanna ti amo" allora ha la stessa natura di quando dico "Ti amo, Dio mio, mia forza".

È in questo riconoscimento attento della presenza del Tu nel volto della mia amata che io vedo il segno dell'amore coincidere con il suo significato supremo. E allora qualunque sacrificio si scioglie in amore e diventa gioia, capacità di abbraccio, carico di tenerezza, che sa arrivare fino al perdono e alla riconciliazione. Dopo ogni bisticcio un abbraccio. E quanti abbracci ci vogliono...

Ma più importante ancora degli abbracci è proprio l'educazione a saper riconoscere nel nostro amore il segno evidente dell'Amore più grande che ce lo ha donato. È questa la radice solida di ogni durata e di ogni fedeltà e senza di essa ogni amore è destinato a rimanere soltanto preda provvisoria dell'istinto.

E l'istinto, come si sa, è solo un impeto, una fiammata, brucia tutto ma non costruisce nulla. E poi ci scotta anche...

Che cos'è ancora l'amore? O meglio, prima diciamo cosa non è.

L'amore non è solo attrazione.
L'amore non è solo innamoramento.
L'amore non è solo condivisione di piaceri.

Tutte queste cose sono come scintille nel pagliaio, servono per l'accensione del fuoco. Sono pretesti piacevoli e positivi per introdurci alle caratteristiche dell'amore vero. L'attrazione permette che tra dieci, cento, mille persone, si "scelga" quella donna, quell'uomo, che misteriosamente appare come il più interessante per noi in quel momento.

È sempre un particolare, una qualità che ci colpisce, a far sorgere un interesse che poi diventa immediatamente, o nel tempo, attenzione assoluta, di cuore.

Questa è la scintilla dell'innamoramento.

A noi sembra una "nostra scelta", in realtà è un incontro particolare che il destino mette sulla nostra strada, nel mio caso è stato di un'evidenza palmare. Comunque, in genere, è la donna che sceglie. Agli uomini resta sempre il compito di confermare, che non è poco. Per fortuna a me è toccata in sorte una donna eccezionale.

L'innamoramento, che è uno stato straordinario in ogni senso, poi, se esplicitato e vissuto da entrambi, "deve" diventare fidanzamento, ed è un'occasione sprecata che non lo diventi.

Il fidanzamento non è altro che un periodo di verifica e di prova per capire se quella donna, o quell'uomo, da cui sono attratto e di cui sono innamorato e corrisposto, è la persona con cui voglio veramente condividere tutta la mia vita futura, anche quando, forse, l'innamoramento iniziale sarà passato.

Il fidanzamento è perciò un periodo importante, in cui imparare a voler bene all'altro per quel che è realmente e non per quanto vorrei che fosse; amare lei attratto dalla bellezza di oggi, accettando nel tempo tutti gli altri suoi aspetti, limiti compresi. Il fidanzamento non è roba da poco: è la prova generale di un reciproco fidarsi per sempre. Per questo motivo è meglio "farlo" bene. Meglio ancora se seguiti da qualcuno che ci conosce. Il mio fidanzamento con Giovanna è stato breve, solo pochi mesi, ma di anni ne abbiamo già parecchi e poi è stato molto intenso.

Lavoro da oltre venti anni nell'ambito del mondo televisivo e della pubblicità ma, ahimè, bisogna ammettere che l'amore non è proprio quello che si vede in taluni programmi della televisione, negli spot pubblicitari o che si legge nei fotoromanzi.

Ma allora, come la mettiamo con i molti innamoramenti possibili, con i tradimenti, con l'istinto dell'egoismo, con le separazioni, con le gelosie, con le sopportazioni o i conflitti?

Queste sono scene, infatti, che entrano ed escono dagli schermi televisivi per entrare quotidianamente nelle nostre famiglie e viceversa. In queste rappresentazioni la precarietà dell'amore sembra essere sempre la norma, l'ideale a cui ispirarsi. E così, però, si rischia di non capire più cosa sia giusto e cosa sbagliato.

L'assenza di vincoli e di legami stabili viene scambiata per libertà.

Si parla tanto, si discute, si litiga e ci si insulta anche in pubblico e a quel punto non si capisce più nulla, è solo un grande spettacolo...

Il successo di certi programmi televisivi ne è un esempio significativo.

Ma la realtà per molti altri giovani più "fortunati" non è così.

Provo allora a dire qualche cosa che troppo spesso gli autori televisivi non dicono e che, invece, mi piacerebbe fosse detto in qualche nuova fiction... e forse presto lo sarà!

Per vivere bene l'amore è necessario innanzitutto aver provato l'esperienza di essere amati. Per questo la famiglia d'origine è fondamentale!

Il padre e la madre che, fin dai nostri primi anni, ci hanno fatto provare l'esperienza di sentirci amati da loro e, attraverso loro, amati dalla vita e dal destino, sono l'origine di ogni nostro possibile equilibrio futuro.

Alla base di ogni amore c'è sempre un altro amore che lo precede, fino a risalire a quello con la A maiuscola.

Due ragazzi intelligenti che si innamorano percepiscono, seppur ancora confusamente, che sono stati attratti e messi insieme da qualcun Altro e questa consapevolezza è più facile che si realizzi se alle spalle dei giovani ci sono famiglie unite, che sanno offrire questa testimonianza, sapendone anche dare ragioni adeguate.

È nella famiglia che si inizia a percepire il valore della positività della vita, del destino buono che già mi vuol bene e che dà gusto alle cose. Se invece non è così, allora la responsabilità di doverci educare al riconoscimento di questa positività del reale dovrà essere a carico di qualche altra persona buona, sperando, prima o poi, di poterla incontrare.

Se questo riconoscimento non avviene, se non si avverte che ogni realtà è una possibilità, un suggerimento per noi, il rapporto prima o poi si incrina, e il fidanzamento è destinato alla rottura, e anche le volte successive, se non si cambia in tal senso, si riproporrà lo stesso copione... Noi, infatti, vorremmo sempre l'altro come l'abbiamo in testa, mentre l'altro, il Tu, è sempre diverso: la consapevolezza di questo fatto deve, invece, saperci “obbligare” a una capacità sempre rinnovata di stupore e di accoglienza del mistero altrui, della sua diversità, soprattutto quando siamo innamorati.

Anzi, solo questa è la base vera di ogni innamoramento destinato a durare.

In amore, infatti, non basta la scintilla che accende il motore; dopo è necessaria anche la benzina e ce ne vuole anche tanta per far strada. Non costa neanche poco...

E a questo proposito una parola sulla sessualità non posso non dirla. Non dico, per amor del cielo, la solita cosa che nell'amore il sesso è importante, il che, scusate, mi sembra la scoperta dell'acqua calda, ma quel che invece mi preme dire è che per l'amore vero il corpo non è solo un tramite per raggiungere lo scopo del piacere. Il corpo è un valore in sé, sacro, va amato e rispettato.

Se, al contrario, la ricerca del piacere diventa il fine dei nostri rapporti affettivi o presunti tali, allora, prima o poi, dopo esserci consumati un po', ci si lascia inevitabilmente, andando di nuovo ciascuno per la sua strada, alla ricerca di un nuovo gioco e di una nuova avventura... E che strazio!

L'anima è la forma del corpo, dice san Tommaso, ed è per questo che ogni sua manifestazione ci esprime e manifesta il tipo e la qualità dell'affetto che desideriamo donare e ricevere, in ogni particolare.

Per due innamorati l'affetto coinvolge sempre anche l'aspetto fisico e questo, diventando attrattiva, comprende inevitabilmente anche una valenza sessuale. Ma quel che voglio dire è proprio che anche la corporeità si gode a pieno solo in funzione della carica affettiva che la muove.

E non è per niente detto che per godere insieme si debba solo far sesso, anzi. Si possono fare tante cose ugualmente belle e gustose lasciando spazio alla fantasia che nasce dall'amore e non donandosi così soltanto un'unica gioia, col rischio concreto poi di impoverirla, privarla della cifra indicibile e deliziosa del suo mistero inarrivabile.

Più intenso è l'amore, in ogni sguardo, in ogni parola, in ogni attività, e più pieno risulta il godimento, anche dei sensi.

Più misero è il movente, più piccolo sarà il suo premio e più breve la durata. Questa è una legge di natura, di bellezza, e per questo è una legge anche morale. *Dura lex, sed lex*.

Mi viene ora in mente la tristemente e troppo spesso ripetuta frase "ogni lasciata è persa", che gran cavolata! Bisogna sapersi arrendere al nostro amore, alla nostra amata o al nostro amato, non ai nostri genitali. In questo la nostra forza e la gioia. Il bisogno di arrendersi è sicuramente uno dei più grandi paradossi dell'amore perché normalmente, in amore, si va sempre all'attacco, come la frase sopra riportata vorrebbe far falsamente intendere. Arrendersi può sembrare invece una rinuncia o peggio un darsi per vinto, ma in realtà, quando scegliamo liberamente di renderci più deboli, è proprio allora che diventiamo più forti.

In amore il miglior attacco è la resa!

Offrire il nostro cuore, la nostra anima, la nostra vita, e quindi anche il nostro comportamento, alla persona amata è un atto volontario della libertà: una sacra fiducia riposta nel Tu dell'altro e nel destino che ci ha voluto unire, mettendoci insieme. Solo questo cementa e costruisce.

Quando nel giorno del matrimonio, sull'altare della chiesa, con Giovanna ci siamo scambiati la promessa di eterna fedeltà, pronunciando la formula del rito del matrimonio, ci siamo detti questo. Capire questa necessità di abbandono porta con sé una gran quantità di frutti buoni. Capire questo è una grande benedizione!

«Se vuoi entrare nelle cose dell'amore devi abbandonare le garanzie del tuo io, perché l'amore non è cosa di cui disponi, è l'Amore che ti dispone» (Socrate).

Nel delicato "gioco" dell'amore non bastano la natura, la bontà d'animo e neppure i dolci sentimenti, bisogna desiderare di imparare, forti della stima e della fiducia nell'altro.

Per vivere un grande amore bisogna essere aiutati a riconoscere il Mistero della vita che unisce gli amanti e che sa dare la forza necessaria per oltrepassare ogni limite e ogni tentazione, sempre. È fondamentale!

Una grande storia d'amore, quella a cui aspiriamo, è impossibile senza Dio. Da soli non ne saremmo capaci.

Nella vita, e in amore più che mai, è necessario perciò aver chiara la grande questione del limite che ci contraddistingue e che segna ogni nostra esperienza umana, rattristandoci spesso, ingiustamente.

Per vivere un grande amore, poi, bisogna anche imparare a sdrammatizzare e saper ridere anche un po' di noi stessi. Rendere tutto più leggero, riconoscendo e accettando serenamente la nostra condizione umana, limitata e segnata da tante ferite e contraddizioni.

La nostra libertà è imperfetta e anche quella del nostro amore lo è. Siamo fatti così!

Per questo ci è difficile essere fedeli, anche se lo desideriamo.

Per questo siamo possessivi, anche se desideriamo il rispetto dell'altro.

Per questo il sacrificio ci fa paura.

Per questo siamo incapaci di un rapporto pieno, sereno e aperto.

Per questo bisogna desiderare di essere aiutati. Perché siamo esseri limitati.

Limitati, perché siamo esseri creati.

E allora non c'è che una soluzione da sempre e per sempre: rivolgersi a Colui che ci ha creati e a coloro che ce ne sanno parlare. Senza scandalizzarci di questo, non si tratta di essere bigotti ma di essere concreti, cioè realisti, accettando con il sorriso sulle labbra la nostra condizione di fragilità, che implica mille cadute e mille riprese. Ma troppe volte questo non avviene e troppo spesso non è così perché nessuno più ci educa ad ascoltare la voce della Chiesa. Oppure perché la Chiesa non sa più parlare dell'amore di Dio a uomini e donne. Allora ci ho provato io.

E così, in questo capitolo, volevo parlar d'amore e ho finito per parlare di Dio e di Giovanna, ma così è. Nel tempo ho imparato, con evidenza sempre più crescente, che il rapporto con Dio è il primo fondamento di ogni tipo di amore, sia esso coniugale o fraterno, filiale, paterno o materno che sia. Per fortuna qualcuno me l'ha fatto capire e adesso anche sperimentare.

È in Dio che Eros e Agape trovano la loro vera sostanza, noterebbero gli antichi greci.

La preferenza che noi proviamo per una persona e che poi si trasformerà, se corrisposta, in rapporto di amore è della stessa natura della preferenza che Dio ha per noi.

Dio è uno spartito di musica che suona continuamente per ciascuno di noi, in mille modi sempre diversi, instancabile, sempre la medesima melodia: A M O R E.

Dio stesso è una Sinfonia d'Amore.

Amore tenero, Amore fedele, Amore che brucia, Amore che dura, Amore che perdona, Amore che valorizza, Amore che vuole sempre il bene di ciascuno di noi, Amore felice di amarci in ogni istante, perché questa è la sua natura. Per sempre.

Egli ci ama anche quando noi non lo sappiamo riconoscere. A me è accaduto proprio così. E noi, anche senza saperlo, in ogni rapporto umano sentiamo l'eco e la nostalgia di questo amore e lo ricerchiamo originariamente dal profondo del nostro cuore. Ogni innamoramento è il gong di questa eco profonda. Intima.

E non è questo in fondo che tutti noi andiamo cercando?

Non è forse qualcuno, anche uno solo, che sia attento a quello che ci accade, che abbia a cuore la nostra vita, che si accorga di noi, che ci abbracci quando ci sentiamo soli, che ci stringa forte quando le lacrime ci gonfiano gli occhi, che ci sorrida dolcemente quando ci sentiamo stanchi, che ci prenda per mano e ci tiri fuori dai pasticci? Non desideriamo qualcuno che ci ami davvero così?

Ho capito di più l'amore di Dio per la mia vita quando ho visto Giovanna comportarsi sempre così con me, gratuitamente. L'ho amata e la amo anche per questo. Desidero, prego e mi impegno che sia sempre così.

Addirittura la legge della vita e dell'universo intero, che governa la terra e i cieli, è retta dall'Amore. La scienza può solo indagare, e deve farlo, l'amore intanto continua a creare, sempre, nuovamente, senza stancarsi mai.

E Dio, perché possa realizzarsi la gioia nella nostra vita, ci ha indicato la via per ottenerla: è la certezza dell'essere amati.

Solo questo dona pace e felicità.

Se l'uomo, infatti, non incontra l'amore vero non può dirsi nemmeno pienamente cristiano, ha detto Benedetto XVI nell'enciclica *Deus caritas est*, perché «all'inizio dell'essere cristiano non c'è una decisione etica o una grande idea, bensì l'incontro con un avvenimento, con una Persona, che dà alla vita un nuovo orizzonte e con ciò la direzione decisiva».

# IV
# La famiglia

> La famiglia è la prima forma istituita in natura per sostenere l'uomo nella sua vita.
>
> *Aristotele*

«E Dio creò l'uomo. E poi vide che per l'uomo non era bene essere da solo. Allora creò la donna. Dall'uomo la creò.»

Quindi è dell'ordine della natura che l'uomo sia per la donna e la donna per l'uomo. Altro di giusto non c'è!

La famiglia è la comunità originaria dove si può sperimentare l'amore del creato.

La famiglia è la prima forma affettiva di compagnia umana rivolta al destino dei singoli ed è l'unica forma dove è possibile accogliere e amare la vita sin dal suo inizio, sin dal concepimento.

La famiglia è un piacere e un dovere allo stesso tempo, perché è la strada suggerita nei secoli, come la più adeguata, per farci procedere nel cammino della nostra umanità, fino al suo compimento. La famiglia è una vocazione.

L'altra vocazione possibile è la vita religiosa o consacrata, richiesta solo ad alcuni come segno per tutti.

Al di fuori di queste due strade, non esiste altra

possibilità di compimento nella vita di ogni donna o uomo. Ma nessuno può scegliere la prima o la seconda strada solo a suo piacimento. Ogni vocazione, infatti, non è unicamente una nostra scelta, ma è proprio il riconoscimento di una "chiamata" oggettiva e inequivocabile, non un'idea; una chiamata che accade tramite un incontro imprevisto, prima impensabile, che determina la forma della strada suggerita, discretamente, per ciascuno di noi, dal Programma del Menu divino. A noi il compito di riconoscerla e di aderirvi.

E questo è vero sia per la vocazione religiosa come per quella matrimoniale, tanto è vero che anche mia moglie, prima ancora di essere stata scelta da me, devo riconoscere che mi è "capitata", che mi è stata data, donata dal destino. Per sceglierla, ho dovuto prima incontrarla, "ma chi me l'ha mandata?."

Don Giussani quando, a ventiquattro anni, gli dissi di voler entrare nei Memores Domini mi rispose di no per tre volte e poi, dopo un anno, acconsentì ugualmente, dicendo: «Ci penserà Dio...» e così è stato!

Adesso anch'io ho una mia famiglia, nel senso stretto del termine.

Con Giovanna e sua figlia Margherita, che ormai ha già sedici anni, costituiamo il modello della "tipica" famiglia italiana.

Mia madre, grande donna, finalmente adesso è felice. Stravede per Giovanna ed è molto ricambiata, ma, soprattutto è felice per me perché mi vede contento ancor più di prima.

Con Margherita, la figlia che Giovanna ha portato in dote, inizio a sperimentare concretamente, con ancor maggior chiarezza rispetto a prima, quanto il vero problema della nostra civiltà sia quello dell'educazione dei giovani. Non nel senso dello star composti a tavola o di non dire parolacce ma quello, ben più profondo, dell'educazione alla realtà, alla vita e ai suoi valori. Ma di questo parleremo solo alla fine, nel capitolo finale dedicato all'educazione.

Per intanto mi godo Margherita, che, da ragazza sveglia e intelligente quale è, mi sta già aiutando molto a capire come sia necessario saper unire autorevolezza e dolcezza, regole e libertà, ordine e comprensione. In una parola, paternità.

Per parlare della famiglia brevemente ma, speriamo, senza errori, seppur da novizio, è necessario riprendere il filo del capitolo sull'amore.

Ripartiamo allora da quando avevamo lasciato i nostri due innamorati, dicendo delle tre caratteristiche dell'amore:

- la totalità, cioè in quel rapporto nulla è escluso (tutto)
- l'eternità, cioè desidero che quel rapporto duri (per sempre)
- la condivisione del destino per il bene dell'altro (insieme)

È un peccato schematizzare, scusate se lo faccio, ma così almeno posso dire con più chiarezza che, se almeno come sentimenti impliciti (anche se non ancora espressi come giudizi chiari) queste cose abitano nel cuore dei nostri due innamorati, allora è molto bello e giusto pensare, come detto, al fidanzamento prima e al matrimonio poi.

Per me è stato così e ne sono felice.

Si lascia la propria famiglia per costruirne un'altra. Pubblicamente.

Anzi, si lascia la famiglia, solo per farne un'altra, cioè per rinnovare la propria.

Che cosa è questa storia del single?

Purtroppo molto spesso è la vicenda di uno sbandato affettivamente che non vuole assumersi l'onere della scelta definitiva. Non voglio giudicare nessuno, per carità, ci saranno mille motivi seri per cui uno rimane fino a quarant'anni senza decidersi, però... Forse è meglio darsi una mossa.

L'alibi usato talvolta è il lavoro o sono i genitori. A questo proposito vorrei dire con chiarezza che i figli non devono crescere in funzione dei genitori. Essi non possono mai, una volta diventati adulti, continuare a rimanere nella condizione di dipendenza affettiva ed economica come da ragazzi, anche se talvolta può far comodo.

Sono uscito di casa a ventiquattro anni con questa certezza e non me ne sono mai più pentito, al contrario.

È pur giusto, peraltro, pensare che i figli prima o poi debbano diventare il "sostegno" della vecchiaia dei propri genitori anziani. Ma questo può e deve scaturire proprio in proporzione a quanto, da figli, siamo stati educati alla libertà e alla crescita della nostra indipendenza, proprio dagli stessi genitori.

Allora il prendersi amorevolmente cura del padre e della madre anziani non sarà un obbligo da evitare il più possibile, ma un gesto d'amore da ricercare, giusto e necessario, innanzitutto per noi stessi e per il bene che ci hanno donato. Dopo tanti anni di dolore condiviso si rafforza questo impeto di bene nei confronti di mia madre che non mi ha mai fatto pesare nulla.

L'educazione dei figli alla libertà implica il riconoscimento del fatto che il figlio ha una sua personalità autonoma, delle inclinazioni e dei progetti personali, un carattere e un temperamento unici, in una parola, una propria fisionomia, un proprio destino.

Tutto questo va rispettato e amato con discrezione e capacità di distacco.

Anzi, ancor di più, il destino misterioso che definisce l'originalità di ogni figlio, va non solo rispettato con discrezione, ma addirittura spinto e favorito nel senso del suo pieno compimento.

Anche se non è mia figlia diretta, con Margherita avverto l'importanza decisiva di questo punto e desidero ogni giorno farle respirare questo tipo di aria... Voglio che il suo bene si compia!

Per far questo, però, è decisivo il rapporto con Giovanna, sua madre, ma adesso anche mia moglie. Insieme è più facile saper dire dei "sì" é anche dei "no" a Margherita...

Attraverso l'esperienza di tanti amici sposati ho visto che si possono prendere i classici due piccioni con una fava: la coppia di coniugi sfugge al grande rischio di un'affettività morbosa, evitando anche lo slittamento del proprio "baricentro affettivo" dall'amore di coppia all'amore verso i figli. I figli, a loro volta, ne traggono grande giovamento, crescendo più liberi e perciò in grado di scegliersi responsabilmente la propria strada, arrivando a rischiare in proprio.

L'amore tra i coniugi, anche in presenza di figli piccoli o adolescenti, va perciò sempre incrementato e sostenuto come la cosa più importante. Tra mio padre e mia madre ho sempre visto fare in questo modo.

E così, per esempio, la difesa di momenti propri e di spazi di intimità non può ridursi unicamente al talamo nuziale: l'incontro frequente con degli amici, una cena fuori casa, una serata al cinema o teatro, un fine settimana da dedicarsi, sono tutti spunti e occasioni per rinvigorire e dar spazio al proprio amore. Così facendo anche l'amore verso i figli sgorga più libero e meno morboso.

Per vivere, oltre ai soldi, c'è bisogno di respiro, cioè di aria.

Mai chiudersi in se stessi. Una famiglia chiusa in se stessa è già a rischio: pericolo di asfissia!

Aperti al mondo, ma soprattutto agli amici, alla comunità e alle facce di chi ci sta intorno, per un allargamento continuo del cuore e della mente e anche, perché no, per un aiuto reciproco e per un impegno sociale comune.

La famiglia che nasce da un matrimonio è un'impresa, e chi ne coglie il doppio senso sa già il perché...

Il matrimonio, infatti, è la storia più bella di compimento e nello stesso tempo di inizio di una grande avventura fondata sull'amore. Due persone che si amano nella carne e nello spirito, se non si sposano sono poco intelligenti.

Sposarsi e far famiglia conviene, è ragionevole.

Mi viene in mente a questo proposito, come alle nozze di Cana, che ogni sposalizio è una festa, un evento dove possono accadere miracoli. Ma oggi il miracolo vero è che i matrimoni vengano celebrati e che le famiglie durino. La più struggente avventura non vale un matrimonio.

In un periodo, come quello odierno, in cui sempre di più si assiste allo sfascio di molte famiglie, credo sia anche importante, però, sottolineare come non tutte le unioni siano, appunto, uguali. Esistono le convivenze, i matrimoni civili, le relazioni a distanza e quanto altro.

A questo proposito a me interessa dire che solo attraverso il sacramento religioso del matrimonio questa esperienza determinante della vita affettiva può essere saldamente ancorata ad una certezza oggettiva.

Solo con il Signore, infatti, è possibile realizzare il "per sempre" dell'amore che ogni sposa e ogni sposo, quando si amano veramente, ha nel cuore. La grazia del sacramento perfeziona e sostiene i nostri sentimenti e Dio non lascerà mai senza aiuto coloro che si amano sinceramente e che lo proclamano pubblicamente di fronte a Lui. Il sindaco, invece, per lo più, può molto poco... e anche i municipi sono molto meno belli...

Ecco allora che lo scopo del matrimonio e della famiglia si possono riassumere in tre pensieri semplicissimi ma densi di importanza esistenziale.

Il primo è che la famiglia è fatta per il reciproco compiacimento degli sposi. Decidere di donarsi, rispettarsi e amarsi "fino a che morte non ci separi" rompe ogni solitudine e con quel "sì" ci si rende più liberi e aperti al mondo. In due non ci si basta mai e uno è necessario all'altro per sempre.

Il matrimonio è il modo perfetto per rompere il guscio soffocante dell'essere soli io e te. Siamo uniti insieme per un compito di utilità nel mondo, ma si ha proprio bisogno dell'altro per capire che entrambi abbiamo bisogno anche di altro e di dirlo ad altri.

Bisogna dunque desiderare di rispettare e compiacere sempre la propria sposa o il proprio sposo. In una parola amarsi, e questo è un vincolo, bello e sacro. Per me vivere tutto ciò con Giovanna è una gran benedizione!

Il secondo motivo è che la famiglia, tra le sue finalità, ha anche quella fondamentale della procreazione e dell'educazione dei figli.

Questa legge naturale presiede non solo alla necessità del mantenimento della specie, e quindi del rinnovamento della società, ma soprattutto è la gioia assicurata di vedere in dono il frutto del proprio amore.

La maternità e la paternità, pur nella loro diversità di ruoli, rappresentano un'esperienza senza la quale il nostro essere uomini non è completo, rimane monco.

Essere padre: presenza affettuosa, piena di sicurezza e autorità verso i figli.

Essere madre: presenza tenera e premurosa, con quell'amore instancabile e generoso che nasce dalla carne del proprio cuore.

Ma soprattutto genitori insieme e uniti di fronte ai figli: esempio non scavalcabile e pedagogico di unità, strada maestra per introdurre i più piccoli alla legge del rapporto Io-Tu e della comunione indivisibile che da essa scaturisce.

È pur vero però che non a tutte le coppie è concesso il dono di aver dei figli propri. Sono dunque queste ultime destinate a fallire? No di certo.

Ci sono tanti modi di essere *padre* e *madre*, ci sono tanti modi di avere, comunque, dei figli, anche se non "naturali". Occuparsi dei giovani, del loro futuro, della loro cultura, del loro lavoro, in una comunità, oppure addirittura adottare direttamente dei bambini, può essere un modo di essere genitori di pari valore e intensità di quello naturale, un esempio di unità e amore che vale molto più di tanti insegnamenti verbali.

A me è capitata la fortuna di trovare a cinquanta anni anche questo, accogliendo la giovane Margherita come un ennesimo dono del cielo.

La terza e ultima finalità del matrimonio e quindi della famiglia è così semplice che me la cavo velocemente.

Percorrendo nel modo descritto la propria strada

vocazionale e affettiva, i due coniugi rendono gloria a Dio su questa terra, realizzando così il vero scopo della vita.

Per far questo bisogna amare. E quanto più si ama tanto più è necessario far emergere, anche con fatica, la verità di quel rapporto. E allora ogni errore non diventa né ostacolo né obiezione al cammino della famiglia, ma strada necessaria che permette a ciascuno di imparare e perdonare.

Il sacrificio più grande è infatti, come detto, quello di saper sempre arrivare fino al perdono di sé e degli altri. La riconciliazione è sempre la strada per la gioia, non ce n'è un'altra!

Per questo la famiglia è anche il vero fondamento della pace e la sua difesa è la vera battaglia per la sopravvivenza della nostra civiltà.

Come tutto ciò che non è il risultato involontario di una semplice emozione istintiva, ma la creazione del tempo e della volontà, ogni matrimonio è infinitamente più interessante di qualsivoglia avventura, per quanto appassionata e appassionante possa essere.

La famiglia è l'ultima forma di liberazione del singolo dalla violenza che ovunque ci sovrasta, travestita da libertà.

Nella famiglia, per esempio, sto iniziando a sperimentare che il "tu devi" è un grande valore anche se non sempre coincide con l'"io voglio".

In famiglia l'ultima parola, come riferimento morale e ideale, non è solo il diritto del singolo ma è una comunione da alimentare continuamente, che a sua volta salva ogni singolo.

Far famiglia ha i suoi vantaggi. E ne vale sicuramente la pena perché la posta in gioco è la nostra vita e viverla da soli è da perdenti.

Senza famiglia il tempo per noi scorre senza tempio.

E questo tempio che chiamiamo famiglia, per noi cristiani, è sacro, come la santa Chiesa! E questo valore non è negoziabile mai!

# V
# Il lavoro

Chi non lavora, non fa l'amore.
*Adriano Celentano*

Lavorare mi è sempre piaciuto molto. E senza non si può stare più di tanto. Essere stato obbligato, dalla malattia, a non farlo per oltre cinque anni è stata una delle esperienze più mortificanti.

Insieme all'affettività che ne è la condizione, il lavoro è infatti una delle modalità più espressive dell'umano. Allo stesso modo dell'affettività, il lavoro può essere la forma più arida e faticosa oppure più lieta e gustosa del nostro rapporto con la realtà. Per questo non si può lavorare senza affettività. D'altra parte non si può neanche amare veramente senza un impegno che implichi un serio lavoro.

Non sono mai riuscito a far bene qualcosa senza metterci un po' di passione. Quando invece mi è capitato, raramente per fortuna, di fare qualche cosa in modo distratto, ho sempre visto che non mi riusciva per niente bene. Bisogna applicarsi, con gusto, e allora le cose belle si realizzano più facilmente. È facile capirlo, non sempre farlo.

Però, senza entusiasmo, non si è mai fatto nulla di grande!

Mentre ripenso alle mie esperienze professionali mi viene in mente una definizione che mi sembra sintetica e nello stesso tempo esauriente: il lavoro è la modalità espressiva che l'uomo ha per disporre e "manipolare" la realtà a suo favore, per il bene proprio e dei suoi simili, secondo un'idea, un progetto, uno scopo.

Poter influire sulla realtà, trasformandola, è infatti la grande condizione in cui l'uomo è messo per meglio sostenere la propria esistenza a vantaggio del benessere proprio e altrui. Per me questa è sempre un'esperienza esaltante.

Lavorare è sicuramente un dovere. Ma lavorare è bello.

Lavorare stanca, ma il lavoro, diceva mio padre, è anche benedetto, perché allontana da noi tre grandi guai: la noia, il vizio e il bisogno.

Chi non lavora non è uomo. E anche chi lavora male è un po' meno uomo. Quanta rabbia provo quando vedo qualcuno che per professione si deve occupare degli altri e lo fa male, con superficialità. Ma la rabbia che provo non è solo per me o per gli altri, che dovranno subire il suo modo trasandato, ma innanzitutto per lui, poverino.

Nel lavoro si esprime, infatti, a meraviglia, il nostro essere a immagine e somiglianza di Dio. Se lavoriamo male viviamo un po' meno da dio...

Nel lavoro, invece, anche noi quotidianamente creiamo.

Non avere almeno un po' di questa consapevolezza ci abbassa e ci rende simili a degli schiavi o a degli animali. Allora si fa perché si deve, perché non se ne può fare a meno, che tristezza!

In vita mia ho fatto tanti lavori, da quando ero studente in poi. Ho fatto il piastrellista, il cameriere, il batterista nei complessi musicali in giro per locali, il venditore, l'impiegato, il giornalista pubblicista, l'insegnante, fino a diventare, agli inizi degli anni Novanta, un discreto manager, come affermato dirigente di una grande azienda di comunicazione televisiva. Adesso sono in malattia, anche se credo ancora non per tanto. E infatti, lentamente, sto riprendendo in mano le mie attività e spero al più presto di poter riguadagnare in pieno ogni mio impegno, magari con gli interessi.

In ognuna delle mie esperienze il gusto per il lavoro non è mai venuto meno, anzi. Ogni persona è *Homo faber* e questo è vero in ogni circostanza.

Anche se dovessi impagliare sedie tutto il giorno o stare seduto alla scrivania quotidianamente, lavare piatti o pulire strade, vendere tappeti o polizze assicurative, l'esperienza del mio lavoro sarebbe comunque quella di una continua creazione. E bisogna farla bene.

Da giovane non capivo fino in fondo questo concetto; ma un aiuto decisivo, in tal senso, me lo diede don Giussani quando, durante gli ultimi mesi di università, all'interno di un incontro con a tema l'ingresso di noi giovani laureati nel mondo del lavoro, ebbe a dire: «C'è una obbedienza che dal di dentro deve governare l'iniziativa in cui ti lanci, il rischio in cui ti cimenti, l'impresa che ti appassiona, il lavoro che ti chiama. Questa è un'obbedienza a fattori che non sono totalmente alla tua mercé, ti si propongono e si impongono: devi rispettare questi fattori e tutta la fatica conseguente deve essere abbracciata come parte della tua genialità creativa e perciò del tuo amore e del tuo gusto fattivo».

«Don Gius, come parli difficile» disse uno dei presenti. Allora lui riprese e aggiunse: «Rivedi queste parole che hai sentito pensando ai tuoi capi e allora capirai come sia evidente che esistono questi fattori esterni alla tua volontà e come sia necessario saperli abbracciare, per dar forma al tuo lavoro...». Rimanemmo attoniti, alla faccia di ogni sindacalismo!

Da quegli anni in poi ho iniziato ad avvertire che ogni uomo ha il suo lavoro, ognuno con la coscienza di essere un fattore interessante, creatore di rapporti e realtà presenti, espressione di volontà e collaboratore di cambiamento.

Così per me, il lavoro è sempre stato il frutto originale e unico della mia creatività e della mia espressività personale.

Ma perché questo possa accadere ora mi accorgo di come sia necessaria la presenza di tre elementi:

– il gusto dell'ordine e della perfezione;
– l'impegno di tutte le energie;
– la stima e la collaborazione con gli altri.

Senza gusto dell'ordine e della bellezza nessuna costruzione viene su perfetta. Si può fare il contadino, l'operaio, l'impiegato o il dirigente, il professore o il commerciante, avendo nei modi e nella forma la stessa intensità di chi sta lavorando a un'opera d'arte.

Una volta, prima della rivoluzione industriale, la maggior parte dei lavoratori delle grandi città erano significativamente chiamati artigiani, cioè realizzatori di piccole e quotidiane opere d'arte. Il lavoro è sempre un'arte e questo non è uno scherzo della lingua italiana...

Tutto il problema risiede, allora, proprio solo in questo: nella stima che ho verso di me e per quel "pezzo" di realtà, che il destino mi mette davanti e di cui devo occuparmi. Io, non altri.

E allora, anche in quel misero rammendo di tela da cucire o davanti a degli aridi numeri dello schermo di computer, io lavoro al cospetto della realtà che in quel momento ha bisogno di me. E così, misteriosamente ma realmente, collaboro alla costruzione continua delle cose e del mondo. «Dovessi solo spostare una sedia, lo farei come se da quel lavoro dipendesse la pace tra i popoli.» Questo ho sentito dire una volta da mio padre. Ed era un ufficiale militare di carriera.

Con questa consapevolezza, il gusto e l'impegno di tutte le mie energie, fino alla precisione del dettaglio, diventa allora solo una semplice conseguenza. Spesso la differenza, però, la fa una questione di virgole, ma, anche questo, non è di secondaria importanza.

Le piccole cose hanno un grande rilievo, è sempre per esse che si vince o ci si perde. Unendo bene tanti piccoli punti nascono grandi disegni e, talvolta, anche i capolavori.

Una conferma evidente di quanto la passione e la dedizione ai particolari siano decisive l'ho poi vista, in maniera esemplare, nel modo con cui mia moglie esercita la sua professione di medico, e non solo nella bravura con cui è riuscita a diagnosticare e a curare la mia malattia. Uno scrupolo certosino nell'ascoltare il paziente, con amore e pazienza (vedendo davanti a sé una persona che soffre e non il cliente, come lo chiamano molti suoi colleghi medici), una analisi paziente nell'andare alla ricerca delle cause vere dei disturbi, unitamente ad una serietà nel proporre cure adeguate, frutto di continui studi e aggiornamenti, mettono tuttora Giovanna in condizione di raggiungere, in molti casi, successi terapeutici insperati. E spesso tali casi erano considerati inguaribili per la medicina allopatica, talvolta solo per ignoranza, per superficialità o per poca dedizione e voglia di farsi in quattro per arrivare a una soluzione.

Dio solo sa di come la gente abbia bisogno di medici bravi, e anch'io ne so qualcosa... Mi auguro che la dottoressa Bardellini, insieme al suo maestro Angelo Micozzi e a tutti i suoi colleghi del Nobile Collegio Omeopatico, possa continuare per il futuro a guarire molti altri pazienti, anche senza doverli poi sposare...

Il gusto del proprio lavoro è ciò che lo rende anche meno pesante, più lieto, operoso e anche più efficace. Per questo è sempre meglio scegliere, se possibile, una professione che piaccia. Anche se non è indispensabile.

Infatti, anche se così non fosse, ogni lavoro potrebbe essere comunque vissuto ugualmente con gusto. E questo a condizione che la persona sappia appassionarsi all'oggetto del proprio lavoro come esperienza dignitosa e bella della personalità.

Allora anche la fatica non è più la condizione necessaria per ogni seria creazione. E chi vuol creare deve essere lieto.

Mi sono accorto tante volte, infatti, che la fantasia è un uno strumento che possono usare solo le persone liete, non quelle tristi.

I pessimisti, poi, non li sopporto, sono dei menagramo che a poco servono se non a rallentare ogni slancio. Le persone liete, ottimiste e aperte ad ogni novità sono, al contrario, il primo elemento di ogni costruzione.

Quando sul posto di lavoro incontri persone così, lo capisci immediatamente dalla serenità e dall'entusiasmo che ti sanno trasmettere. Stare con gente che affronta il lavoro in questo modo ci fa imparare bene un mestiere e ci fa star meglio anche umanamente.

Alla fine degli anni Ottanta ho fatto per tre anni l'assistente di un importante e molto conosciuto personaggio pubblico, M.d'U. le sue iniziali. Lavoravo con lui anche tredici ore al giorno, ma era una gioia e un piacere. Lo guardavo fare e imparavo, lo stimavo e lavoravo meglio. Che esperienza unica, importante più di una laurea universitaria. Potenza degli esempi di vita. E che fortuna averne! Maestri prima che capi!

Tramite il nostro lavoro, qualunque esso sia, noi siamo chiamati a collaborare, in quell'istante di operosità, alla costruzione della realtà intera. «Marco,» mi diceva questo mio diretto superiore «in questo momento stiamo facendo qualcosa di buono per tutti, te ne rendi conto?» E io non capivo perché, a me sembrava di fare qualcosa di utile solo per noi o, al massimo, per il cliente (in questo caso la parola è esatta!).

Poi ho imparato a capire innanzitutto che le due cose coincidono e che, alla lunga, addirittura si espandono a cerchi concentrici sempre più larghi, fino a investire in qualche modo tutta la realtà umana e sociale interessata da noi e dalla nostra azione. E forse, per vie indirette, anche di più...

Qualunque lavoro è comunque sempre una cosa nostra e come tale deve saper esprimere la nostra dignità, il nostro stile e il nostro decoro.

Per questo la pigrizia, la comodità, il disimpegno, la poca passione non possono appartenere a un uomo dignitoso. A questo proposito mi viene in mente che il cosiddetto senso del dovere non mi è mai molto piaciuto come idea verso gli altri; semmai l'ho sempre avvertito come un dovere innanzitutto verso me stesso e, in fondo, come un piacere.

Continuare a chiedere sacrifici da parte dei vecchi governi, tramite nuove tasse, ai cittadini, alle famiglie e ai lavoratori è stato un inutile salasso sociale, che impaurisce la gente e frena ancor di più la nostra economia. Ma il fatto più grave è che nessuno educa più i giovani al gusto del lavoro.

È questo il vero impoverimento umano e culturale da cui dipende, in fondo, anche l'economia di un Paese.

Ma forse anche in politica inizia ad affermarsi qualcuno che pare capirlo.

Quello che ci rende felici in quel che facciamo, è amare ciò che si deve fare. Questo è un principio che, se applicato da molti, sarebbe l'inizio di una vera rivoluzione sociale. Entrate in qualunque esercizio pubblico per capirne la valenza immediata quotidiana.

Nel lavoro bisogna tornare a investire sul capitale, ma non su quello di Marx, cioè sui soldi, bensì su quello vero: il capitale umano. È da questo che si deve sempre ripartire. Questa opera di educazione è normalmente lenta e lunga, ma dà sempre grandi frutti, e questo mi piace poter fare, instancabilmente, ogni giorno, in ogni rapporto. Solo questo costruisce ed è un gran lavoro!

La stima e la collaborazione degli altri, siano essi compagni, colleghi, soci, dipendenti o superiori, è quindi certamente un'altra caratteristica fondamentale per lavorare bene. Lavorare sodo, quindi, senza sentirsi mai schiacciati dal proprio ruolo, bensì lieti, perché operanti per un disegno comune insieme ad altri, con i quali è prevista anche una mia evidente utilità.

Non si può lavorare da soli. Il lavoro è sempre occasione di un incontro.

Ognuno di noi ha sempre bisogno di un altro. Fare insieme, fare con, è la caratteristica ineliminabile di qualsiasi lavoro o impresa, come in una grande orchestra o, se preferite, per i più sportivi, come in una grande squadra. Verso la metà degli anni Ottanta ho avuto la fortuna di partecipare alle riunioni settimanali del direttivo del Movimento Popolare. Una volta, in uno di questi raduni, venne l'idea di costituire un gruppo di lavoro che andasse in giro per l'Italia ad incontrare giovani laureati e piccoli imprenditori in difficoltà. Ebbene, più di venti anni dopo, quel gruppo di lavoro con a capo ora il mio amico Bernard Scholz si chiama Compagnia delle Opere e raccoglie circa trecentomila tra piccole e medie aziende iscritte alla, ormai, più significativa associazione lavorativa, non di settore, mai esistita nel nostro Paese.

Anche per la partecipazione attiva a questa storia ho capito come sia fondamentale stimare e rispettare sempre i propri collaboratori, siano essi inferiori, superiori o di pari grado, e non solo se bravi.

Il motivo per cui è opportuno stimarli è innanzitutto perché le circostanze ce li ha messi davanti: e non si può progredire nello sviluppo della nostra umanità e professionalità senza fare i conti con essi.

Questa è la grande università che continua nel mondo del lavoro. Nella mia attività lavorativa, così facendo, i colleghi sono diventati, spesso, anche degli amici. Oltre che stimolante è stato poi anche utile e appagante.

Ma questo esige pazienza e sensibilità.

Mi sono accorto così che l'attenzione verso gli altri è anche la prima forma di attenzione a noi stessi, in qualunque situazione o circostanza. Anche qui la questione dell'Io è sempre legata al Tu.

Bisogna essere cordiali, ricordandosi spesso del

perché si è lì, con quelle persone, a fare quelle cose. E per avere una ragione adeguata non basta certo il 27 del mese, che pure è importante!

Non c'è tecnica spicciola imparata a qualche classico corso di formazione che può rimpiazzare adeguatamente la mancanza di gusto per il lavoro.

Il mio, di gusto, è sempre scaturito dall'avventura di una costruzione comune, sperando prima o poi che arrivassero anche i dividendi... Investendo, come detto, nei rapporti umani, sul lavoro e in generale, i conti prima o poi tornano sempre... E anche con gli interessi!

Oggi posso dire che dopo tutti questi anni trascorsi nel dolore e nella malattia ho compreso però anche altro sul tema del lavoro.

Un uomo, anche il più impegnato o il più importante, non è mai indispensabile. Questi lunghi anni di assenza dall'ufficio e dalle mie incombenze quotidiane me l'hanno insegnato con evidenza. Tutto è andato avanti ugualmente. Un bel colpo all'orgoglio, non vi pare?

Una seconda notazione però che mi piace fare è che quando ho ripreso a frequentare l'ambiente di lavoro ho avvertito con gioia i modi amichevoli e cordiali con i quali i miei colleghi mi si sono fatti nuovamente incontro.

Ecco: maturavano gli interessi, qualcosa, grazie a Dio avevo pur seminato.

Infine un'altra riflessione: dopo sei anni di inattività ho anche scoperto che si può affrontare il lavoro con maggiore serenità e distacco; che il lavoro non deve essere l'idolo al quale sacrificare l'intera giornata, anima e mente, ma è uno strumento, seppur nobile, mai il fine.

Non si vive per il lavoro ma per un compito che è più grande dell'occupazione specifica. Questo è il grande punto di svolta!

Per arrivare a capire questo ci vuole un distacco che non significa minore efficienza o produttività ma amore all'istante presente, ovunque tu sia, in ufficio come a casa, a riposo o in attività, di fronte ai colleghi o davanti a tua moglie. Un distacco che nasce dalla consapevolezza di essere servo inutile, direbbe il Vangelo. Una azione che nasce dalla contemplazione direbbero i monaci buddisti.

Tutto si gioca nella consapevolezza dell'istante e nell'amore che in quell'istante ti sorregge, al lavoro o con gli amici, nei campi o in città, seduto o di corsa.

L'ora che stai vivendo, l'opera che stai compiendo, l'uomo che incontri in questo momento, sono i più importanti della tua vita.

Passato e futuro non esistono. Quando incontri le grandi persone la sensazione che provi è che in quell'istante non esisti che tu, e questo è lo stesso sentimento che provi di fronte all'amata o all'amato.

Tutto è solo presente e l'eterno non converge che nell'istante presente, ora!

Ecco, il vero grande lavoro è sempre solo questo: saper riconoscere e amare la presenza che ti è di fronte in quel preciso momento!

Per questo nel lavoro si esprime sempre l'amore che più ci sta a cuore e che maggiormente ci sostiene: lavoro per la mia famiglia, lavoro per i figli, lavoro per il buon Dio, lavoro per la collettività, lavoro per i soldi, lavoro per la mia comunità... lavoro per me. È nell'istante che ci vede all'opera che emerge con più chiarezza la memoria che ci sostiene affettivamente.

E come è vero questo anche da un punto di vista psicologico.

Come è triste, allora, dover ammettere di lavorare solamente per se stessi o semplicemente per dover risolvere dei problemi.

Anche se nessuno in fondo lavora solo per sé.

C'è sempre, infatti, qualcuno a cui poter offrire le fatiche, le gioie e i risultati del proprio impegno. L'importante è saperlo riconoscere e ricordarsene spesso, diversamente si è solo degli schiavi, alienati anche se ben pagati, che al sabato e alla domenica vivono lo stress dell'inutilità perché senza stimoli e impegni... desiderosi solo di riposo e di un po' di calcio in tv. Alla faccia delle persone mature e con tanti auguri alle loro famiglie!

*Ora et labora.* In questo senso ho sempre inteso il tempo del lavoro un po' come la continuazione del tempo della preghiera, in modo che anche il tempo del riposo mi facesse sperimentare il medesimo impegno affettivo e di amore alla realtà. Che sostegno al proprio cuore vivere così!

Questo genere di lavoro, la preghiera continua, è forse però quello più difficile, perché si deve compiere su se stessi, ma di sicuro è in assoluto il più redditizio! E lo si può fare sempre, in ogni momento.

Ad una recente riunione del Club Santa Chiara il mio amico Guido Confalonieri ha detto che il tempo ci è dato solo per riconoscere e amare quella grande Presenza che sorregge e sostiene tutte le realtà in ogni istante. Anni di totale inattività apparente me lo hanno insegnato bene!

E questa mi pare essere la vera radice buona anche del grande fenomeno sociale del volontariato, circa tre milioni di persone solo in Italia. Esso non può essere soltanto espressione di pura generosità o un modo più o meno intelligente per impiegare il proprio tempo.

La carità è la dimostrazione che si possono utilizzare gratuitamente le proprie risorse per affermare il valore della presenza dell'altro, del famoso Tu, e al tempo stesso la dignità di ciascun uomo. Gli amici dell'Avsi, del Meeting, o quelli del Banco Alimentare, della Copat o di altre opere di beneficenza come quelle dei francescani, per me, sono sempre stati un esempio da seguire e da cui imparare.

Infine il lavoro richiede una continuità: «Guai a quell'uomo che si mette all'aratro e poi si volge indietro». Per questo ho presto imparato a non aver mai paura degli errori e dei mille sbagli possibili che, talvolta, sembrano volerci far arrendere. Solo gli imbecilli o quelli che non fanno niente non sbagliano mai. Neanche i geni o il Papa non sbagliano mai. E poi, l'errore, che Chesterton definisce una "verità impazzita", è spesso la via necessaria che la realtà ci offre per imparare a far giusto in seguito.

Degli errori si fa esperienza e tesoro quotidiano, da essi ci si corregge o si ha l'umiltà di farsi correggere e poi si prosegue, ancora più forti e consapevoli dei nostri mezzi, nel proprio lavoro. Di errori in vita mia penso di averne fatti tanti, ma la cosa più bella è sempre stata la forza di riprendermi e di saper andare avanti, ancor più di prima.

Ogni nostra rinascita è sempre per un compito più grande.

Bisogna perseverare, con tenacia, insieme agli altri, fino in fondo, nonostante le difficoltà, fino alla realizzazione dell'opera. Domandare sempre e non mollare mai. Dio vede e provvede.

Concludo con questa bella preghiera di don Gius regalatami dal mio amico Gianmaria Bedendo e che mi è sempre stata di grande aiuto.

Signore,
riconosco che tutto da te viene,
tutto è grazia,
gratuitamente dato,
misterioso,
che non posso decifrare
ma che io accetto,
secondo le circostanze in cui si realizza,
ogni giorno.

E te lo offro,
e tutte le mattine te lo offro,
e cento volte, durante il giorno, te lo offro
e se hai la bontà di farmelo ricordare,
anche alla sera,
io te lo offro.

# VI
# La bellezza

Solo la bellezza salverà il mondo.
*Fëdor Dostoevskij*

A mia madre piacciono gli abiti belli e anch'io sono cresciuto con il gusto di vestire bene. A tutti, in qualche modo, piacciono le cose belle, però è anche vero che si dice che è bello solo ciò che piace. Lo diceva Kant un tempo, lo ripetono in tanti adesso.

Ma cos'è allora la bellezza? La bellezza è ciò che genera un'attrattiva irresistibile nei nostri confronti. Ci muove e ci commuove. È un moto dell'anima. La bellezza è un po' come una calamita, ci attira inesorabilmente.

Allora la nostra libertà è come spinta a aderire a quell'oggetto, a quella presenza o a quella realtà che in quel momento rappresentano la bellezza ai nostri occhi. Per questo la bellezza mi ha sempre affascinato. La bellezza colpisce perché è armonia, è lo splendore della realtà che esprime una proporzione d'insieme eccezionale che la nostra ragione percepisce con emozione. La bellezza è la compiutezza della forma, in essa forma e contenuto coincidono.

Personalmente ho sempre avuto bisogno di momenti e circostanze in cui potermi riposare con piacere, gustando attimi di vera bellezza. Solo la bellezza produce felicità. «La bellezza è infatti lo splendore del vero» (san Tommaso) e il nostro cuore, che è fatto per la verità, viene così da essa attirato.

Così la bellezza ci introduce alla verità e le cose ci corrispondono di più.

Ma cogliere veramente la bellezza non è possibile senza compiere un piccolo sacrificio. Noi ci fermiamo infatti, istintivamente, soltanto all'apparenza della "cosa bella" senza cogliere il valore della verità che è in essa.

Cogliere questa unità, questa non separazione tra il bello e il suo significato, implica un piccolo sacrificio da parte nostra affinché la bellezza permanga e rimanga in tutto il suo splendore, senza svanire. Ma il sacrificio è superato in un attimo dalla gioia che ne deriva.

Io vedo un bel fiore: è bello, mi attrae e mi introduce, se sono acuto, anche al concetto della sua verità, che è esistenza, che è la sua realtà creata. Se invece mi fermo, istintivamente, solo all'attrattiva della sua bellezza e lo colgo, strappandolo alla sua verità, dall'armonia delle parti e dal contesto del luogo in cui è nato, dopo pochi giorni il fiore muore e non c'è più bellezza né verità. Lo si può fare, certamente, ma sappiamo che accade così, il fiore si secca e poi svanisce.

Preferisco un altro esempio ancora più umano ed elementare.

Una ragazza mi piace. Mi piace perché è proprio bella. L'armonia delle parti c'è tutta e in tutto il corpo: bocca, viso, mani, occhi, seno, gambe e l'intera sua persona.

È proprio bella, ma la sua verità non coincide solo con la sua bellezza.

La sua verità è la sua esistenza nella realtà, la sua persona tutta intera, la sua anima, la sua mente, la sua libertà per realizzare il destino a cui è chiamata.

Ma a me questo non interessa e non compio il sacrificio di rispettare la sua verità, non attendendo di capire come possa manifestarsi il suo destino. A me piace e basta.

Allora faccio di tutto per averla, per possederla, e alla fine ci riesco.

Ebbene, dopo l'iniziale contentezza, il gusto animale del possesso, che dura in genere poco, sentirò che quella bellezza non mi attrae più con la stessa intensità di prima. E probabilmente anche il rapporto ne avrà già risentito in qualche modo.

È una legge inesorabile ma vera: il bello colto prima della verità del suo tempo deflora e svanisce in fretta. Anche il professor Zecchi ne conviene.

Da ragazzo delle scuole superiori, e poi anche da universitario, avevo la fortuna di fare tante bellissime gite ed escursioni in montagna, per lo più sulle Dolomiti.

Una volta, dopo tante ore di fatica e di arrampicata, arriviamo finalmente con gli amici sulle cime innevate della Marmolada. Che bello, che spettacolo, che splendore!

È proprio meravigliosa la natura (constatazione di bellezza) e come è grande Dio che l'ha creata (constatazione di verità).

Passate alcune ore in allegria e in buona compagnia e, dopo aver mangiato, cantato e dormito anche un po', purtroppo, giunge il tempo del ritorno a valle.

Prima di partire tentiamo di sistemare tutti i rifiuti, i contenitori di plastica, i sacchetti, le carte e le lattine delle bibite terminate. Nella fretta, però, molti di noi abbandonano, in malo modo, tutto ciò sul tratto di neve ancora splendente di luce, per il gran sole.

Dopo un po' che camminiamo, ci giriamo indietro per vedere ancora una volta quello splendore. Non è più bello come prima. Lo è di meno. Qualcosa lo ha deturpato.

Don Fabio, il nostro capogruppo, si infuria e urla a gran voce: «Siete dei coglioni! E non è questione di semplice maleducazione. È che vi siete dimenticati della verità di quella cima di montagna che, come tutta la realtà creata, non ci appartiene, come anche noi stessi non ci apparteniamo». Gelo totale, rimaniamo ammutoliti, proseguiamo la discesa ma capiamo, don Fabio aveva ragione!

La realtà è di un Altro che l'ha creata e noi non ne percepiamo tutta intera la bellezza fin quando non arriviamo a capire questo.

In ogni realtà, anche la più infima, abita la meraviglia del creato e del creatore. Anche in un ramarro. Fermarsi all'apparenza del creato significa non capire niente, rovinare tutto e privarsi di una vera esperienza di bellezza, intensa, equilibrata e giusta.

Il mistero della bellezza va, infatti, contemplato, per capire cosa vuol dire a ciascuno di noi. Per questo solo la bellezza ci salverà.

«Cara Beltà», così Giacomo Leopardi attacca in uno dei suoi sonetti più famosi e celebrati. Ed è proprio vero, la bellezza ci è "cara" perché sollecita sempre la nostra affezione: il Vero ci attrae presentandosi come Bello.

Ma poi va capito che nulla è veramente bello tranne il vero. Diversamente il maligno ci mette la coda.

Ed è per questo che nella natura del nostro essere l'Estetica precede l'Etica. E non si capisce e soprattutto non si può apprezzare l'Etica senza l'Estetica.

Fin da ragazzo non ho mai potuto sopportare degli ordini o delle prescrizioni senza intuirne la verità e quindi la loro utilità e la loro "bellezza" per me; e in questo devo dare atto ai miei genitori che hanno sempre saputo darmi le ragioni di ogni loro indicazione, insegnandomi che bello e giusto coincidono. Con la giovane Margherita, adesso, tento di fare altrettanto.

In una parola, il bello esige sempre il sacrificio che la verità di esso comporta.

Ma che storia, sempre con questo sacrificio...

Però la vita è così, è una cosa seria; e senza un po' di sacrificio non si può mai raggiungere qualcosa di giusto, di vero e di bello, dove l'accento, per gli uomini in gamba, non è sul sacrificio da compiere ma sulla gioia della bellezza raggiunta.

La bellezza è una promessa di felicità, scrive Stendhal.

Ma c'è bisogno di qualcuno che ci educhi alla verità della bellezza, dico io.

Anche le gioie più semplici della vita ci possono arrecare felicità, perché belle e gustose. Ultimamente, con Giovanna, ho imparato che è molto importante saper gustare le piccole e infinite cose belle che la realtà ci offre quotidianamente e che, troppo spesso, noi non sappiamo cogliere. Permettetemi un piccolo elenco.

Il mangiare: quella che sembrerebbe un'attività tanto scontata e semplicemente doverosa ai fini della sopravvivenza può essere, invece, una gioia. Il cibo possiede una infinità di bellezze.

Innanzitutto la gioia alla sua vista. Gli occhi, attraverso le forme e i colori che gli stanno innanzi, già pregustano quella che sarà la delizia successiva del palato. Qualità e quantità del cibo ne aumentano il gusto. Così avvertiamo una gratificazione anche interiore, mentre stiamo giustamente soddisfacendo un bisogno elementare. E che mangiate...

Il buon bere: quanto valgono una buona bottiglia di bianco di Franciacorta o di vino rosso del Piemonte per accompagnare dell'ottima carne, oppure un buon bicchiere di acqua fresca per dissetarci, alla faccia di tante lattine piene di coloranti. Però, forse, è ancora meglio il vino buono, magari sorseggiato e gustato insieme al grande intenditore e mio amico Paolo Massobrio, presidente del Club di Papillon...

Completano il quadro della bellezza quotidiana del mangiare una bella tavola imbandita all'interno di un locale caldo e accogliente d'inverno, oppure fresco e ospitale d'estate, magari all'aria aperta in mezzo al verde.

Queste piccole soddisfazioni, che il mangiare e il bere rappresentano, non sono poi complete se non sono gustate, come tutti gli altri piaceri della vita, in buona compagnia. Ho sempre cercato e spesso provato il gusto del *convivium*: mangiare e bere insieme agli amici, che bel godimento!

L'attività fisica e lo sport: la bellezza del corpo in esercizio. Movimento e armonia corporali. Il gusto di avvertire tutto di noi stessi, vivo, rispondente e in azione. L'aria aperta, la competizione, il divertimento, i compagni, la sensazione di stanchezza e di gioia, il gusto della fatica e poi, dopo una bella doccia, la calma del riposo. Ma quante sensazioni di bellezza nell'esercizio del corpo! Una macchina perfetta in continuo movimento. Evviva il movimento, sempre e comunque. Con Giovanna, appena possiamo, ci organizziamo anche soltanto per una corsettina o per una passeggiata. E ora che abitiamo nel verde della bella Brianza è ancor più invogliante.

Chi pratica qualunque sport può capirmi meglio di tutti. Ogni disciplina sportiva è valida, ogni sport ha il suo gusto, ogni attività fisica ordinata è bella.

Nello sport la fatica, come nella vita, è necessaria

per raggiungere lo scopo della vittoria. *Mens sana in corpore sano*, antico motto che però mantiene giovani...

L'arte: un'altra forma di bellezza che la vita ci offre e che mi ha sempre appassionato. Rimango estasiato contemplando la luce di un Rembrandt o di un Caravaggio o i colori della cappella degli Scrovegni di Giotto a Padova, oppure le dorature sottilissime delle parole dell'Annunciazione del Beato Angelico a Cortona.

Con il mio amico Massimo Allegri abbiamo iniziato a produrre una serie televisiva dedicata ai Santi e ci siam detti che non si poteva partire che dalle rappresentazioni di arte sacra. L'arte, infatti, è la rappresentazione fantastica della realtà che più ci evoca il senso del mistero. L'arte, così, non consiste nel rappresentare cose nuove, ma nel mostrarci le cose conosciute con la novità di un punto di vista a noi sconosciuto. Sgarbi ha ragione. Per questo arte significa saper mostrare Dio dentro ogni cosa.

I veri artisti sono dei geni dell'umanità, così come lo sono i santi della Chiesa.

La bellezza dell'arte è gioia per gli occhi e per l'anima: si parla di arti visive e queste comprendono anche il bel cinema, lo spettacolo e l'audiovisivo in genere. Ma anche scultura, architettura e altre forme d'arte hanno la stessa attrattiva.

La bellezza dell'arte può essere gioia infatti anche per le orecchie e per l'anima: quante volte sono rimasto incantato per ore, di notte, ad ascoltare *Dal Nuovo Mondo* di Dvořák, la settima sinfonia di

Beethoven o *Emperor,* piano concerto di Mozart, oppure pomeriggi interi trascorsi con raccolte e compilation di musica pop, jazz o swing. Musica, purché bella. Espressione di armonia pura, di melodia e di ritmo. Coinvolgente, inebriante, commovente.

La musica incanta il cuore perché, con il suo linguaggio universale, insieme al canto, è una delle espressioni più alte della comunicazione umana.

«La musica apre nel cuore dell'uomo una fessura da cui l'anima esce per fraternizzare» (Milan Kundera).

Cantare in compagnia, che meraviglia! Suonare, che passione! Ascoltare un coro, una banda o un bravo solista, che bello! Quando è felice la mia Giovanna canta insieme a me e io mi diverto molto perché è decisamente più brava e sa sempre le parole di ogni canzone che io intono, a differenza mia.

Anche cantare da soli, però, rallegra e dà sollievo all'anima. E come non sorridere quando ci sorprendiamo a fischiettare un motivetto amico? Adesso lo chiamano jingle!

E cosa dire poi del ballo, entusiasmante insieme di note e movimento, allegre e appassionate fantasie tra ritmo e corpo, armonie e gestualità. Gioioso binomio di musica e di gesti con l'intimo godimento dell'equilibrio e dell'andare a tempo fino alla piena soddisfazione. Da ragazzo andavo pazzo per una ballerina che vedevo alla tv, si chiamava Heather Parisi. Mi piaceva come si muoveva a tempo, sorridendo sempre, bellezza in movimento...

Anche la gioia della lettura e della conversazione non va di certo dimenticata. Che bellezza poter incontrare una persona e poterla ascoltare attraverso un libro che ci apre la mente e che ci educa alla riflessione. E questo vale ancor di più quando incontriamo nella realtà qualsiasi persona con cui poter instaurare un bel dialogo.

Moltiplicare gli incontri per me è sempre stato come ritrovare la fonte di una ricchezza immensa; opportunità e occasioni positive che mi hanno sempre arricchito e resa piena la vita. La vita è l'arte dei rapporti e gli incontri ne sono il fondamento.

Questo mi ha poi portato a scoprire anche la bellezza e il fascino della cultura, che non è rappresentata soltanto dall'erudizione proveniente dalla lettura di qualche libro o dall'informazione confezionata dei giornali. La cultura è molto di più.

La cultura, infatti, è uno sguardo critico e sistematico della realtà secondo un ideale. Più chiaro è l'ideale, più evidente è la gioia dell'analisi. Per essere colti bisogna avere quindi un'idea di fondo che sia un buon criterio, una posizione, un'ipotesi di lettura valida della realtà: una visione "amorosa" della vita che ci sostiene, che ce la fa capire e apprezzare in ogni suo aspetto.

Amo Leopardi, Dante e don Giussani per questo motivo.

E come non pensare, adesso, alla bellezza della natura con tutto il suo patrimonio di flora e di fauna, di paesaggi e di colori. La bellezza del cielo e delle stelle. Il grande carro che ci sovrasta quando, nella notte di San Lorenzo, affidiamo alle stelle cadenti i nostri desideri più intimi. Il mio responsabile di Gioventù Studentesca, Giancarlo Greco, in quell'occasione diceva sempre: «Come sono belle le stelle e come è grande Iddio». E poi ancora, la bellezza del mare e della montagna. Nuotare e sciare, oppure snow-board... La bellezza di ogni specie animale. Per fortuna, fin da ragazzo, ho sempre avuto chi mi ha insegnato a gustare la natura. Poveri quei bambini cresciuti solo in città senza andare mai in campagna. Sanno tutto degli I-pod ma non hanno mai visto un cavallo, una mucca o una gallina. Adesso a Legnano, a casa da mia madre, è rimasto un piccolo barboncino bianco, di nome Kikka, che mi ha insegnato molte cose... e ora anche la mamma, pur con qualche piccolo sacrificio, ha imparato ad apprezzarne intelligenza e fedeltà.

E poi ancora la bellezza dell'ingegno umano: macchine utensili, biciclette, automobili e moto, computer o sofisticate opere di ingegneria elettronica, ponti e grattacieli... Chi di noi non si è mai appassionato a qualcosa di questo genere?

Una parola, infine, sul riposo e sul silenzio. Nel silenzio del cuore ho trovato sempre una miniera. Nel silenzio c'è sempre una voce che ci parla. E non è una voce qualunque. Da quando mi sono ammalato ho scoperto anche questo immenso tesoro, dentro l'apparente noia di intere giornate di silenzio.

Nel riposo e nel sonno c'è la rigenerazione del

nostro fisico, anche se da giovani sembra di non averne mai bisogno! A questo proposito vi consiglio una bella vacanza a contatto con il silenzio e la natura in uno dei fantastici hotel del mio amico Graziano.

Mangiare, dormire, ballare, leggere, andare a cavallo, fare sport, divertirsi, ascoltare o suonare musica, studiare o lavorare, cantare, stupirsi di un'opera d'arte, stare in compagnia, incantarsi davanti a un tramonto, contemplare un volto amato, tutto questo è godere della realtà. Tutto questo è bello, la vita è bella e bisogna saperla gustare.

# VII
# La sofferenza

> Un uomo, anche se gravemente malato o impedito dalla sofferenza nell'esercizio delle sue funzioni più alte, è e sarà sempre una persona con il suo valore e la sua dignità.
>
> *Giovanni Paolo II*

Della sofferenza, a differenza della bellezza, voglio parlare poco, anche se in questi ultimi anni ne ho patita molta, e forse proprio per questo.

Prima non ci avevo mai pensato. La vita, seppur con qualche dispiacere, mi sembrava solamente una grande e allegra avventura: tutto mi era sempre risultato facile, piacevole e lo vivevo quasi in modo scanzonato.

Anche la sofferenza degli altri mi era sostanzialmente estranea. Non che non partecipassi con sincera compassione al dolore per un lutto o per un malanno altrui, ma non conoscevo la profondità della sofferenza, perché non era la mia.

Sì, perché si può parlare con verità della sofferenza solo quando è la propria.

È così un po' per tutte le cose, ma gioia e dolore sono le due esperienze dove questo risulta più vero in assoluto. Quando è qualcosa che tocca la nostra carne, il nostro fisico, la nostra mente, i nostri affetti, allora l'esperienza personale è più densa e radicalmente più significativa. Quando ci si confronta e scontra con la sofferenza, tutto di noi e dei nostri rapporti viene a essere coinvolto e drammaticamente sconvolto. E l'esperienza del dolore è così personale e profonda da risultare il più delle volte non comunicabile.

Normalmente nessuna parola può ridare la salute a un malato; nello stesso tempo l'intensità e l'ampiezza del dolore che il malato avverte non possono mai essere comunicate in modo adeguato dalle parole.

Anch'io ho vissuto questa esperienza di solitudine e di incomunicabilità ed è stata un'esperienza sicuramente alienante, che non auguro a nessuno e che mi ha messo di fronte in modo drammatico al limite dell'esperienza umana. Questa esperienza genera poi, il più delle volte, rassegnata impotenza, non solo in chi la vive ma anche nelle persone care che accudiscono il malato e che vivono l'impossibilità di poter "fare qualcosa" per la persona amata e sofferente. Questo fatto l'ho capito molto intensamente da come mi guardava mia madre in questi anni di dolore.

La sofferenza e poi la morte ancor di più non sono, infatti, esperienze condivisibili a pieno. Allora la prima cosa che ci è chiesta, di fronte ad esse, è soltanto quella di una discreta e silenziosa vicinanza, un vegliare e "prendersi cura" rispettoso, accogliente della brutta circostanza, ancorché pieno di speranza per l'eventuale guarigione del malato. E poiché la speranza è l'ultima a morire, proprio per questo bisogna poi tentare anche l'impossibile.

Patire per l'assenza di un bene fisico o morale è alienante, anche perché questa fragilità che la nostra "finitezza" suscita dà scacco in modo evidente al nostro grande desiderio di essere perfetti, sempre belli, attraenti, brillanti e con grandi capacità realizzative.

L'assenza di salute è contraria alla pienezza di vita a cui siamo destinati, e questo a me generava sofferenza sia nel corpo che nell'anima.

Patire la sofferenza non è un'esperienza solo di quando siamo malati. Si patisce con sofferenza in tutte quelle circostanze nelle quali una parte di noi stessi non è più in armonia e in equilibrio con il tutto, sia nel fisico che nell'anima.

Ma vorrei distinguere tra sofferenza e dolore: si può patire un rapporto o una circostanza che non corrispondono all'idea che ci eravamo fatti di "come sarebbero dovute andare le cose". Lo scarto allora tra il nostro desiderio e la realtà genera tristezza e sostiene la pretesa, con forte nostalgia, di quello che "ci sarebbe piaciuto", ma che nella realtà invece non è.

La realtà, infatti, è sempre molto diversa da quanto cerchiamo di immaginare, anche perché, per fortuna, essa non è fatta da noi e, soprattutto, non risponde alla legge del "qui, tutto e subito".

Questa appena descritta è la sofferenza di chi si dichiara vittima della "sfortuna" o dell'inadeguatezza propria o altrui, del pensarsi capaci di "gestire" il mondo e le relazioni solo a partire da se stessi o dai propri sogni, senza fare i conti con la vita e con la realtà per ciò che realmente sono. Così, a questo genere di persone, il mondo e ogni tipo di relazione sembrano definitivamente sfuggire di mano, senza un senso adeguato.

Questa "sterile" sofferenza motiva e favorisce il lavoro degli psicologi che dovrebbero aiutarci a "ritornare coi piedi per terra" e, se possibile, a diventare più consapevoli di noi stessi, più realisti e più capaci di cogliere tutti i fattori della realtà; di fare i conti con i meccanismi talvolta troppo contorti della nostra personalità. Quante persone ho trovato in vita mia ingarbugliate per poca cosa. Peccato, perché talvolta, in certe situazioni, invece che perdersi nel classico bicchiere d'acqua, basterebbe una semplice e vera amicizia per affrontare scogli apparentemente insormontabili, sbloccando i meccanismi affettivi della personalità che si rivelano solo un po' inceppati. Gli psicologi sostituiscono così, oggi, quello che una volta erano i preti dell'oratorio, i genitori autentici e gli amici più grandi. Ma così è la vita dei nostri giorni!

Il dolore generato da un male fisico evidente è, invece, tutta un'altra cosa. Ve lo assicuro! Le ferite dello spirito possono sempre essere guarite, con amore, quelle del corpo, invece, non sempre.

Il dolore fisico è di altra natura da quello psichico o morale, anche se comprende pure la sfera interiore, perché siamo un tutt'uno. Il mio male agli occhi, la diagnosi di leucemia del mio amico, la nevralgia al trigemino, sono un dato oggettivo. Il come, il significato, il valore che do a questa drammatica esperienza sono connotati dal modo, dal significato e dal valore che intendo dare alla mia vita anche in questa circostanza.

Questi dati fisici oggettivi, gravi e ancor più pesanti se hanno la caratteristica della cronicità e del progressivo peggioramento, possono, alla lunga, gradualmente deprimere la persona, coinvolgendone anche l'aspetto psichico e morale. E le medicine giuste sono rare e poco conosciute.

Ma io non voglio parlare di dolore distinguendone la natura, la genesi o l'intensità. In questo sarebbe molto più titolata Giovanna e poi rischio di essere anche un po' noioso.

Quello che mi interessa sottolineare, invece, è che la sofferenza e il dolore, come paradossalmente anche la gioia, ci obbligano a riflettere profondamente sul vero significato della nostra vita. La vita, infatti, non è nostra e non possiamo darcela o programmarla da soli, a nostro piacimento.

La gioia, se siamo leali, ci "obbliga" a domandarci perché e da chi abbiamo ricevuto tutti quei doni che ci allietano la vita. È una grazia.

La sofferenza e il dolore ci "obbligano" a interrogarci invece sul perché siamo soggetti a questa triste esperienza. È una croce.

Nell'uno come nell'altro caso sono esperienze di vita normali, ma di sicuro non è alla sofferenza che spetta l'ultima parola.

Di certo al mondo esiste tanta sofferenza, più di quanto si possa credere e immaginare, e questo è un grande Mistero.

Non credevo fosse possibile, però, che dalla sofferenza si potesse pervenire, se non proprio ancora alla gioia piena, almeno alla pace. E la pace, per chi la conosce, «di gioia e di dolore in parte uguali è fatta» (Charles Peguy).

Ed è proprio così. Le circostanze peggiori rendono, talvolta, le cose straordinarie e le persone più forti.

La lezione più grande che posso dire di aver imparato in questi anni, infatti, non è quella che nel mondo esiste tanto dolore che prima non conoscevo neppure, bensì, e questa è la mia storia, che anche dal dolore si può trarre profitto, fino ad arrivare, se graziati, perfino alla gioia.

Per la fedeltà a un ideale si può accettare di soffrire arrivando anche a morirne: pensate ai martiri cristiani o agli eroi di guerra.

Il dolore di una malattia cronica è terribile. Perché è un tipo di sofferenza prolungata che non ci siamo scelti. Per poterla vivere e sopportare è più che mai necessario avere un ideale ben solido e radicato. Un ideale per cui offrire il nostro dolore, per il quale portare tutto il male che ci affligge, con il quale vivere comunque uno scopo e una utilità. Un ideale, insomma, per cui esser certi, almeno, che tutto lo spessore della nostra sofferenza non venga perso, ma al contrario acquisti tutto il suo valore.

Ho scoperto così che la malattia è la condizione per contribuire alla "salute" del mondo come modalità personale di partecipazione al Mistero dell'umanità, secondo disegni che non ci appartengono.

Senza questo atteggiamento interiore, ve lo assicuro, la sofferenza non avrebbe senso, ma suonerebbe solo come assurda condanna, irragionevole e senza scopo. Nulla però, se vissuto con questo animo, ci rende grandi come un grande dolore.

Nella sofferenza e nel dolore, e sommamente nella morte, si infrange tutto l'impeto naturale dell'energia umana. O si accetta questa realtà in nome di qualcosa di più grande, oppure è solo disperazione. O si accetta che questo dolore abbia un senso per noi e per il mondo intero e allora si diventa dei "giganti", oppure è soltanto angoscia e rabbia e allora si cade nella condizione di poveri disgraziati e basta, senza speranza alcuna.

Nei confronti di coloro che soffrono è necessario, direi obbligatorio, essere molto attenti, premurosi e pieni di pazienza, facendo tutto il possibile per alleviarne il dolore, pregando, sperando e operando sempre per la loro guarigione. Gli ospedali, dice don Verzè, fondatore del San Raffaele di Milano, sono santuari dell'umanità.

Chi è vicino nel dolore a una persona cara patisce insieme a lei, ma condividere questa brutta esperienza può essere, talvolta, anche fonte di grande ricchezza. Con Giovanna abbiamo "mangiato" insieme mesi e mesi di dolore e sofferenza che ora ci restituisce, nell'amore, una ricchezza e una profondità umana impensabili prima.

La sofferenza è il crogiolo dell'umanità. Essa è una prova a cui, seppur in maniera diversa, pochi sfuggono. È una prova assai dolorosa, ma quelli che la superano diventano uomini e donne più ricchi di umanità, più forti e anche più giusti, tuttavia non è così facile riuscirci.

La sofferenza non si può eliminare dalla vita dell'uomo e del mondo. Nessun sistema sociale, neanche il più perfetto, potrà risolvere e togliere questo ingombrante quanto misterioso fardello dalla vita dell'uomo.

Per questo, nella sofferenza, ho imparato a sperare e a confidare di più in Gesù, nella Sua misericordia e nelle persone che ha voluto farmi incontrare per curare e guarire il mio dolore.

I progressi della scienza e della medicina potranno aiutare sempre meglio ciascun uomo nel duro confronto con l'esperienza del dolore e della sofferenza, anche se mai sapranno risolvere definitivamente o evitarci del tutto tale durissima prova. Dobbiamo farcene una ragione.

Affrontando il dolore, la nostra forza, l'energia, la speranza e la nostra volontà sono spesso fiaccate; la rabbia, la sfiducia e la paura, a volte, prendono anche il sopravvento.

Per questo, arrivato a un certo punto della mia storia, ho capito che dovevo tener presente che il coraggio per andare avanti non era più soltanto mio e, meno ancora, di chi si prendeva cura di me, ma letteralmente proveniva da Colui che in ogni istante ci dà la vita. È in Lui allora che ho dovuto abbandonarmi e confidare.

L'esempio in tal senso di Giovanni Paolo II, nei suoi ultimi mesi di vita, è stato per me commovente e, credo, convincente per tutti.

*Omaggio alla Pazienza*

La pazienza rafforza lo spirito,
è discreta e prudente,
governa gli istinti,
addolcisce il temperamento,
accetta le cose,
spegne il rancore,
estingue l'invidia,
sottomette l'orgoglio,
frena la lingua,
trattiene la mano,
doma la tentazione,
sopporta il dolore,
accompagna la speranza.
Nella pazienza, dice il saggio,
possiederete la vostra vita!!!

# VIII
# La comunicazione

La comunicazione è il primo ponte gettato tra noi e il mondo.
*Lorenzo Strona*

"Ciò che non è comunicato non esiste."

Questo provocante paradosso rivela una grande verità.

Se io non fossi informato della presenza dell'America nel mondo potrei metterne in dubbio, o addirittura negarne, l'esistenza.

Da oltre cinque secoli, invece, il mondo è colmato, con dovizia di particolari, di notizie circa l'esistenza del nuovo continente, da parte di informatori, storici, osservatori, ricercatori. Ed è grazie a queste continue notizie e informazioni che, anche se non ne avessi avuto esperienza diretta, posso fermamente credere all'esistenza dell'America nel mondo. Non l'ho mai vista ma qualcuno me ne ha parlato, con credibilità.

Oltre al metodo di conoscenza diretta, infatti, che si fonda sulla semplice esperienza personale, vi è anche un altro metodo, quello della conoscenza indiretta, affinché io possa prendere coscienza dell'esistenza di una qualsivoglia realtà, oggetto, situazione o persona. In questa seconda modalità di conoscenza, che chiamiamo indiretta perché mediata, è necessario che vi sia l'opera di qualche testimone credibile che mi sappia documentare e far conoscere la realtà in questione. Questo metodo si basa sulla comunicazione e sulle sue attività correlate. E, tra l'altro, questa modalità di conoscenza è in assoluto molto più ampia e utilizzata di quanto, a prima vista, si possa immaginare.

Ciascuno di noi, nell'arco di una vita intera, acquisisce infatti una quantità di conoscenze assai maggiore di quanto potrebbe fare utilizzando solo il metodo diretto, dell'esperienza in prima persona. L'attuale fase della cosiddetta comunicazione globale ne amplifica, poi, ancora maggiormente gli effetti, in bene e in male. Comunque se non mi fossi fidato di internet, a questo punto, non sarei né sulla strada della guarigione né su quella della gioia... anche se alla rete bisogna fare molta attenzione, perché in questo caso l'affidabilità e la credibilità del testimone sono a rischio. A me è andata bene.

Molte volte mi sono domandato come avranno fatto certe realtà e presenze millenarie nel mondo ad aver sfidato lo scorrere del tempo e a essere arrivate fino a noi. Con la tradizione di una storia ripetuta nei secoli, mi viene da dire, ma la tradizione è innanzitutto comunicazione di un'esperienza! Per questo un popolo che non conosce e non rispetta il proprio passato, non ha futuro.

Se Cristo non fosse stato comunicato da oltre duemila anni, a partire dai primi dodici "comunicatori", oggi non ci sarebbero oltre un miliardo e mezzo di cristiani, centinaia di migliaia di chiese sparse in tutto il mondo e la cultura occidentale più importante in assoluto. La nostra civiltà è frutto della cultura greca, giudaica e cristiana. E non c'è bisogno di scomodare Benedetto Croce per ricordarci come, anche dopo secoli di illuminismo, positivismo e relativismo, «non possiamo non dirci cristiani»; almeno come impostazione di valori e di ideali condivisi. Per intanto è ancora così, Islam permettendo.

Un importante passo avanti per la comunicazione fu, senza dubbio, la grande invenzione di Gutenberg nel 1455. Con il torchio per la stampa e i caratteri mobili, la sua diffusione e la conseguente possibilità di ampliamento della circolazione di notizie, la comunicazione tra popoli e individui ebbe, da quel momento in poi, un formidabile impulso benefico di cui tuttora godiamo i frutti. Pensate a libri, giornali e a tutto ciò che si legge su carta stampata.

Ma è solo nei primi anni della seconda metà del XX secolo che esplose quella realtà magica che diventerà il totem della comunicazione, la televisione. Prima di lei era arrivata la radio di Guglielmo Marconi, ma la tv ha segnato un salto di qualità enorme. L'immagine del video, unita all'audio, colpisce i nostri sensi in modo più facile e diretto, richiedendoci meno fatica e risultando, quindi, più efficace. La comunicazione televisiva, come dice Andrea Piersanti, più ancora del cinema, sviluppa i fattori di relazione intima e affettiva: ci si affeziona ai personaggi, agli spettacoli, alle storie, alle musiche. È un rito che ci coinvolge, che ci cambia e che ci modifica culturalmente, come già sosteneva, ante litteram, il grande Pasolini. Così la televisione, nei decenni, lentamente ma inesorabilmente, ha "sostituito", per tante famiglie in Italia, il pulpito domenicale delle chiese, rappresentando così il nuovo grande "rito" a cui milioni di individui partecipano tutti i giorni, comodamente seduti sul divano di casa, con in più l'efficacia potente, perché apparentemente disarmata, di un semplice ma non innocuo intrattenimento.

Il nostro paradosso iniziale, "ciò che non è comunicato non esiste", diviene allora talmente vero che può addirittura arrivare al paradosso opposto e cioè che "anche ciò che non esiste, se comunicato, diventa reale".

Lo ha detto la televisione... e quindi è vero! Sembra incredibile, ma per decenni questa frase ha rappresentato la prova inconfutabile di ogni veridicità, in realtà solo apparente. E così, quasi senza accorgercene, noi viviamo anche le nostre situazioni più personali con un atteggiamento mentale assorbito inconsapevolmente da anni e anni di esposizione televisiva e alle immagini dei media. Oggi grazie a internet e allo sviluppo di una informazione meno passiva e più ricercata, il fenomeno della dipendenza dai media sembrerebbe diminuire, ma non ne sarei proprio così sicuro... Alla fine, infatti, ogni giudizio deve essere sempre "filtrato" da una mente critica e allenata, questo è il punto. Ma da dove attingere questa criticità?

Jorge Luis Borges proponeva che nelle scuole dell'obbligo e, poi, anche in quelle superiori, si potesse insegnare l'arte di leggere i giornali con "incredulità", cioè con criticità, in quanto, normalmente, le persone pensano che un fatto sia avvenuto davvero solamente perché stampato in grandi caratteri neri... E questo è tanto più pericoloso quanto più la "preghiera" del mattino, come diceva già Hegel, ormai è rappresentata dalla lettura dei quotidiani, e oggi dalle radio, dai blog, dalle chat, dai video e da tutti i loro poco sapienti sacerdoti con le loro sconclusionate "omelie".

Mi ero accorto fin da giovane del grande potere di influenza culturale esercitato dai mezzi di comunicazione di massa, ma la televisione, per le sue caratteristiche di capillarità e diffusione, li supera ancora tutti. E il rischio in questo caso di creare disinformazione, manipolazione, propaganda strumentale e altre storture mediatiche cresce, ovviamente, in proporzione alla potenza esercitata dal mezzo. E così ogni governo lotta di più per le televisioni da controllare che per i servizi da offrire ai cittadini.

Ma la comunicazione in sé è buona, è una leva, un mezzo potente quanto malleabile, che si orienta in base a chi la utilizza e in funzione degli scopi prefissati. Proprio per questo motivo non ho mai creduto al mito della comunicazione neutra e oggettiva, tutte balle, l'informazione si orienta in base a chi la fa. La comunicazione è un'attività, uno strumento e, in quanto tale neutro; chi la usa, invece, non lo è mai, né lo può essere. Chiunque osserva e riporta un fatto o un giudizio ha infatti la sua ipotesi di lettura, il suo punto di vista, inevitabilmente di parte. E allora è molto meglio arrivare a dichiarare esplicitamente la propria posizione, anziché nascondersi, in modo ipocrita, dietro la maschera della propria presunta imparzialità e oggettività.

Due episodi abbastanza recenti mi hanno molto colpito al proposito. Il primo, in occasione delle elezioni politiche del 2006, è stato quando il direttore del «Corriere della Sera», il più diffuso quotidiano nazionale del Paese, ha apertamente dichiarato a chi andasse la propria preferenza politica. E così, lettore avvisato... mezzo salvato. Il secondo episodio riguarda, invece, quell'incredibile personaggio di Emilio Fede che, a chi gli consegnava il Premio Santa Chiara per l'informazione, ribadiva, nel suo solito modo simpatico, che essere dichiaratamente di parte, nell'esercizio dell'informazione televisiva, è un dovere verso i telespettatori. Parole sante, da preferire a mille inganni di posizioni editoriali "oggettive" o presunte tali...

Ho fatto così due esempi bipartisan, uno a favore del centrosinistra e uno a favore del centrodestra, anche se non è questo quel che interessa. Quando subito dopo aver terminato gli studi universitari mi sono affacciato al mondo dell'informazione, del giornalismo e della comunicazione, ho iniziato ad apprendere le prime conoscenze utili per saper distinguere e decodificare un messaggio. Ho intrapreso così il corso di laurea in Comunicazioni sociali dell'Università Cattolica di Milano che allora era solo agli inizi mentre ora è molto affermato e vede la presenza di docenti bravi come il giovane Armando Fumagalli. In quegli anni ho iniziato a capire ancor meglio l'importanza fondamentale, per il mondo contemporaneo, di chi opera in questo delicato settore. Oggi, un giornalista, anche soltanto un po' affermato, con la sua attività, può formare più mentalità, cultura e opinione comune di quanto un tempo potesse fare un intero esercito di professori di scuola media o di liceo. Che responsabilità educativa incredibile. Veicolare simboli e modelli significa infatti educare!

La prima regola fondamentale per la categoria principe dei comunicatori, i giornalisti, è questa: comunicare la notizia partendo sempre dalla definizione delle circostanze legate al "chi", "dove", "come" e "quando".

Gli antichi romani, prima di ogni discorso pubblico o conferenza o lezione, insistevano sempre sulla necessità della *esplicatio terminorum*, cioè sul bisogno di chiarire bene prima i concetti e i termini del discorso, per poi poter comunicare meglio il proprio pensiero. Il valore vero delle parole è nella loro corrispondenza con la realtà.

Le aziende moderne, dall'avvento delle prime forme di réclame fino alla straordinaria macchina della pubblicità odierna, hanno così dovuto descrivere le qualità e l'utilità del proprio prodotto per comunicarlo al pubblico.

I preti dal pulpito devono comunicare ai propri fedeli la fede cristiana.

I genitori devono comunicare ai figli l'educazione che intendono trasmettere.

Gli artisti, i cantanti o gli attori comunicano le proprie sensazioni ed emozioni ai propri ascoltatori e ammiratori con le loro performance.

Ciascuno di noi, da mattino a sera, deve comunicare con chi gli è vicino, durante l'intero arco della giornata.

Diversamente, sarebbe impensabile organizzare sia la vita domestica come quella pubblica e sociale. Anche le idee, in fondo, anche le più belle e chiare, se non comunicate, rimarrebbero inutili e senza senso.

Comunicazione, della stessa radice etimologica di comunione, cioè mettere insieme, "unire con". Oppure dal greco *munus*, "peso". E portare il peso di una notizia, grave o buona che sia, è sempre una responsabilità importante.

Se non si comunica adeguatamente, qualunque rapporto inizia ad andare in crisi, fino al silenzio finale e alla non esistenza definitiva dello stesso.

Giovanna mi richiama spesso uno dei concetti chiave di una disciplina che ha studiato per un certo periodo, l'Arc, il triangolo su cui si basano tutti i rapporti umani: Affinità, Realtà, Comunicazione.

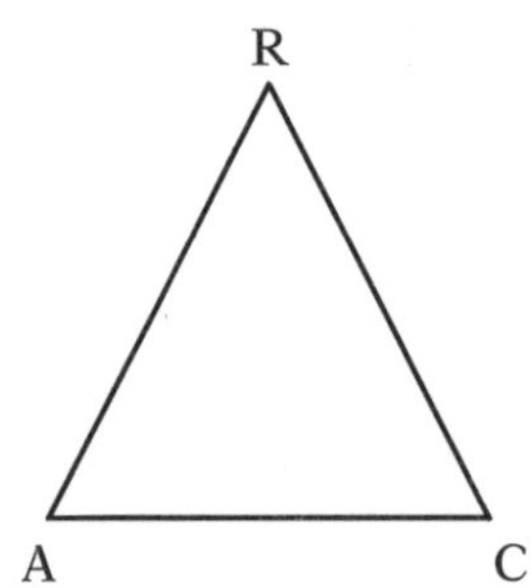

Se uno dei tre elementi scende, per ristabilire un equilibrio, bisogna impegnarsi a far salire gli altri due. Un esempio classico: marito e moglie, di sera, la tivù accesa. Musi lunghi e facce scure, silenzio tra i due, lui guarda di malavoglia lo schermo, in realtà avrebbe voluto uscire, lei riordina la cucina, sentendosi trascurata e non capita.

Due persone vicine ma due realtà diverse. Nel triangolo d'Arc è dunque la realtà ad aver subito un calo, ma guarda caso, si trascina immediatamente dietro l'affettività, "e poi dice d'amarmi...", e la non comunicazione, il silenzio, rende l'atmosfera pesante.

La soluzione, semplice e immediata, è allora quella di sforzarsi di "comunicare" al partner quello che non va, con parole chiare, gentili, immediate. La risposta arriverà, di norma, sotto forma di riapertura del rapporto: "capisco quello che mi dici e ti ringrazio di avermelo detto", l'affinità risale proporzionalmente all'apertura dei canali di comunicazione e la realtà torna ad essere ancora comune.

Viceversa ho sempre toccato con mano che:

La non comunicazione tra marito e moglie porta alla crisi.

La non comunicazione trsa genitori e figli porta al conflitto.

La non comunicazione tra amici allontana.

La non comunicazione tra aziende e clienti fa fallire il prodotto.

La non comunicazione politica riduce il proprio partito ai minimi termini.

La non comunicazione pubblica renderebbe la convivenza civile un caos, un'anarchia permanente o una sagra di regole e controregole.

La non comunicazione dei valori finanziari, delle monete e dei titoli manderebbe in tilt anche le convenzioni economiche mondiali più stabili.

La non comunicazione tra me e il mio animo indebolisce la mia personalità, fino a privarmi di un'identità precisa.

La non comunicazione con Dio, tramite la preghiera, inaridisce il mio cuore.

La non comunicazione è comunque sempre indice di una assenza di vita. Infatti si comunica solo ciò che esiste.

E anche dal punto di vista psicologico chi non riesce a comunicare adeguatamente, soffre.

La comunicazione costa. E non solo in termini di denaro, il cosiddetto budget. La comunicazione costa anche personalmente, perché ci obbliga ad uscire fuori da noi stessi, a *ex-primere*, a spremerci...

Quello che pochi capiscono e apprezzano, ma che soprattutto si fa fatica ad applicare, è che le grandi regole della comunicazione valgono anche per i rapporti normali di ogni giorno. E la comunicazione quotidiana prevede sempre l'"altro" al primo posto.

Quando, per esempio, tentiamo di comunicare qualcosa, istintivamente in noi prende il sopravvento la voglia e talvolta la foga o l'ansia di dire tutto quello che pensiamo, direttamente, in un sol colpo. In una veloce sequenza di frasi pensiamo di aver trasmesso tutto quanto volevamo dire.

Quando poi siamo equivocati, la reazione immediata sarà: "Ma non mi ha capito!".

Il problema, invece, il più delle volte è che "mi sono espresso male io".

Così facendo si creano continue Torri di Babele nei rapporti personali, in famiglia, sul lavoro o nella società, creando divisioni e conflitti, anziché dialogo e unità.

In questi anni di solitudine, intervallati da rari rapporti, ho capito che chi più conta nella comunicazione è il destinatario del messaggio, non siamo noi stessi.

Anzi, al contrario, quanto più saremo preoccupati di noi stessi tanto più falliremo e andremo in confusione. Viceversa, se saremo innanzitutto informati e preoccupati dell'interlocutore, delle sue attese, delle sue debolezze, delle sue speranze, del suo carattere, in una parola della sua persona, tanto più saremo noi stessi soddisfatti perché, come conseguenza, saremo stati sicuramente anche più efficaci nella nostra comunicazione.

Molti psicologi per descrivere questo atteggiamento parlano di empatia, più semplicemente, io parlo di simpatia, di un tipo di simpatia profonda, che mette al centro della nostra comunicazione e del nostro atteggiamento l'altro. La comunicazione, per riuscire, non deve far patire.

In molte circostanze mi sono accorto che un certo tipo di attenzione permette il trasparire del nostro interessamento all'interlocutore, fino a vere e proprie piccole manifestazioni d'affetto.

Per questo, per esempio, quando si incontra una

persona cara, è bene pensare ad accompagnare le nostre parole con un bel sorriso e, talvolta, anche con un piccolo regalo, che dimostri apprezzamento.

E non è forse questa poi la tecnica usata anche da aziende e agenzie di pubblicità quando si parla di gadget o di promozioni verso i clienti?

Essere interessati all'altro e saperlo dimostrare genera immediato coinvolgimento e questo facilita l'apertura dei canali di comunicazione, permettendo nel tempo di capirsi sempre di più.

A tal proposito, ricordiamo che i canali di comunicazione non sono mai solo verbali ma implicano sempre una serie di fattori.

Come è importante allora saper mettere subito a proprio agio qualunque tipo di interlocutore, anche il più ostico o antipatico. È uno sforzo utile allo scopo. Talvolta, quando ce la si fa, è anche divertente e la conversazione scivola via sicuramente più facile e leggera...

Essere interessati all'altro, dimostrare simpatia e attenzione alle sue problematiche, significa dimostrare di volersi coinvolgere con la sua stessa esistenza.

I testi e le centinaia di manuali sulla comunicazione che si trovano in tutte le librerie e gli autogrill prendono strumentalmente in prestito questo aspetto della "comunicazione affettiva" per poi trasformarlo in una serie di tecniche. "Il cliente che devo incontrare oggi è proprio un tipo noioso, ma devo dirgli almeno qualcosa di carino, che ha una bella cravatta... così magari si smolla un po'."

Avendo lavorato per decenni nel settore, non sottovaluto la validità di queste tecniche, ma la cosa in assoluto più importante, di cui quasi nessuno parla, è che, quando comunichiamo, tutto di noi stessi deve essere il più possibilmente coerente e improntato alla verità. Non alludo alla verità in assoluto ma al modo trasparente di saper esprimere noi stessi, con sincerità.

Non servirà a niente, infatti, imparare tutte le tecniche possibili di comunicazione, se poi non saremo in grado di trasmettere le cose con verità.

Puzza di bruciato, formalismo, falsità o strumentalizzazione sono le grandi "bucce di banana" su cui scivolano tutti quelli che vogliono comunicare e convincere, se non dimostrano di credere in quel che dicono, con verità nel modo e sincero interesse nei confronti dell'interlocutore.

La comunicazione, quindi, non è innanzitutto una tecnica, ma un atteggiamento del cuore e della mente che deve dimostrare attenzione e rispetto nei confronti di qualunque pubblico, unitamente a intelligenza e passione per il contenuto da trattare, fin nei modi di esporlo.

Una persona che impara a comunicare in tal modo diventerà più esperta nei rapporti, più abile negli affari, più sicura negli affetti, circondata da tanti amici. E non è questione solo di competenza ma di amore a sé e agli altri che ci ascoltano.

Un vero comunicatore sarà sempre in grado di parlare con franchezza a ognuno solo partendo da se stesso e dal dialogo che bisogna avere ogni giorno con la propria coscienza. Essere autentici innanzitutto con se stessi: ecco il grande segreto per poter essere leali e schietti con tutti gli altri. La bocca parla della pienezza del cuore. Per questo il dialogo che ho con mia moglie è sempre aperto, franco e sincero. E non ci permettiamo mai di andare a letto, concludendo una giornata, senza che una preghiera, un bacio e una buonanotte chiudano la fatica del giorno trascorso.

Ho conosciuto un uomo che prima di ogni incontro con persone o situazioni diverse, pregava perché tutto andasse bene. Non posso dire di chi si trattava ma vi assicuro che è stato uno degli uomini in assoluto più convincenti al mondo.

Mi sembra importante ricordare gli aspetti principali sui quali quest'uomo costruiva la sua capacità di comunicazione, trasmettendo sempre adeguatamente il proprio pensiero con amore alla realtà e con verità e, quindi, coinvolgendo sempre chiunque lo stesse ad ascoltare.

Egli diceva sempre che si comunica solo ciò che si è.

Ed è per questo motivo che la comunicazione può e deve essere elementare.

Quanto più si è semplici tanto più si è efficaci. Quanto più si è complicati, invece, tanto più si sconcerta chi ci ascolta, risultando incomprensibili.

Quanto più ci facciamo capire dal nostro interlocutore con parole semplici, tanto più avremo raggiunto il nostro obiettivo di comunicazione.

Per questo si capisce l'importanza dell'uso del linguaggio, degli esempi, della forma cioè della modalità scelta, del mezzo, dello strumento, del momento più opportuno, fino a arrivare al dettaglio dell'abbigliamento e dell'ambientazione. La serietà della preparazione non è mai in contrasto con la semplicità, anzi!

L'uso degli esempi, poi, è stato utilizzato da tutti i più grandi comunicatori della storia: anche Gesù comunicava con esempi e parabole, affascinando.

La modalità di un gesto o il modo di dire una cosa, in un dialogo, sono tutto. Quante volte ho notato l'importanza di questa osservazione! Ed è proprio giusto, forma e contenuto coincidono. La forma prescelta per comunicare non è, infatti, solamente il vestito del contenuto da trasmettere, ma veicola e si identifica con il contenuto stesso.

Provate a dire "ti voglio bene" a una persona mentre, nel contempo, con sguardo irato e volto minaccioso, agitate un pugno sotto il suo naso. Se non penserà a uno scherzo crederà che siete impazzito improvvisamente...

Il modo, il mezzo sono già il contenuto del messaggio... McLuhan docet.

La coerenza tra forma e contenuto ci porta alla conclusione che i due elementi debbono coesistere e farsi riconoscere in una unica modalità di espressione. Questa unità tra forma e contenuto, questa coincidenza sapiente, ha un nome e si chiama stile. E lo stile non è acqua... ma, state tranquilli, chi non ce l'ha lo può imparare.

Un altro aspetto importante che ho imparato da quell'uomo è che la comunicazione deve creare emozione. Se non lo fa, se non desta meraviglia, non è efficace. Lo stupore dipinto sul volto dell'interlocutore, viceversa, è la dimostrazione che la comunicazione è avvenuta. Ammaliato, coinvolto, forse perfino irretito...

Già in se stessa la comunicazione crea emozione, perché *ex-move* qualcosa di me verso te e viceversa. Emozionare vuol dire "muovere da".

La comunicazione efficace, però, deve proprio saper emozionare in senso stretto, creando stati d'animo e reazioni forti. Una comunicazione che non evoca (*ex-vocare*: "chiamare da") o che non è in grado di suscitare passioni, non sarà molto efficace. Solo lo stupore comunica.

Sentimenti di speranza o di affanno, di gioia o di dolore unitamente a profonde e vibranti emozioni, coinvolgono immediatamente l'interlocutore.

L'emozione cattura il cuore. Il contenuto che "passa" si infila allora più facilmente in testa. Per questo è importante saper parlare al cuore.

Le emozioni ripetute, alla lunga, determinano una inclinazione mentale. Lo insegna già la tradizione classica da millenni: l'azione ripetuta crea l'*habitus*; se negativo è vizio, se positivo è virtù.

Comunque, indipendentemente da un giudizio morale circa vizio o virtù, la ripetizione delle emozioni è uno dei grandi segreti della comunicazione, in particolare della pubblicità, pensate agli slogan, ma non solo. *Repetita iuvant*, e questo anche nei rapporti personali. In tv è il segreto della serialità.

Ecco perché, allora, musica importante, effetti speciali, colori particolari, bella fotografia, ambientazioni suggestive, azioni improvvise e quant'altro, uniti alla frequenza della ripetizione, sono le modalità principali della pubblicità.

Ma quanto andiamo dicendo vale anche nei discorsi personali in famiglia, in pubblico, con la fidanzata, con il capo o con i dipendenti, con l'amico o con lo sconosciuto. Creare emozione quando si parla o si scrive, significa innanzitutto esprimersi "con il cuore in mano".

E parlare "con il cuore in mano" significa emozionarsi davvero e farsi trasportare da quel che si comunica, a tal punto da saper emozionare anche l'altro. Per questo è fondamentale credere in quel che si dice. Senza drammatizzare, ma facendo trasparire chiaramente la fede in ciò che si predica: sincerità!

Un bel sorriso aperto e sincero emoziona sempre. Mia madre quando rientrava a casa portava sempre con sé il calore di un sorriso, e io me lo ricorderò sempre. Poi ho iniziato ad apprezzare di più quello di Julia Roberts, avete in mente? Adesso c'è Giovanna...

Quando parlate, guardate dritto negli occhi il vostro interlocutore: anche questo crea emozione. Gli occhi sono lo specchio dell'anima, ve lo assicuro! Guardare una persona negli occhi la obbliga al "risveglio" di se stessa, cioè all'attenzione interiore, non solo al semplice sentire. Con uno sguardo diretto si risveglia anche l'interlocutore più annoiato. Il tono di voce completa l'opera.

Ricordatevi, infine, che per creare emozione avete a disposizione solo pochi attimi, passati i quali il vostro ascoltatore avrà già deciso in cuor suo se proseguire a prestarvi attenzione, oppure no.

In quei pochi istanti iniziali vi giocate l'intera partita della vostra credibilità e della sua attenzione e disponibilità a proseguire nell'ascolto. E chi ben comincia è a metà dell'opera.

Pensate che in pubblicità, all'interno di uno spot, tutto questo si gioca nei primi sette secondi! Catturare subito l'attenzione, questo è il segreto. E un buon inizio è il segreto vero di qualunque tipo di comunicazione. Incipit, cioè in principio.

Mi ricordo che prima di ogni discorso in pubblico mi preoccupavo essenzialmente di due cose: come iniziare bene, cioè l'incipit, appunto, e dove andare a parare, cioè come chiudere il discorso. Se mi passate l'esempio non proprio raffinato, un bel discorso è come un buon panino: con l'interno ben saldo in mezzo a due fette di pane buono: l'inizio e la fine del discorso. Ebbene, dentro al panino può esserci anche la miglior prelibatezza, ma se mancano queste due fette solide che la contengono, anche il miglior discorso è poco appetibile e si squaglia...

Nell'arte della comunicazione utilizzare lo strumento giusto non è secondario: ti parlo oppure ti scrivo? E-mail o telefonino? Scrivo un articolo oppure parlo alla radio? Mi faccio intervistare in televisione o dai giornali? Affiggo dei grandi manifesti o stendo degli striscioni? Forse è sempre meglio usare gli spot! Ma anche qui tutto dipende dal primo punto, che ci ricorda di mettere con semplicità sempre al primo posto l'interlocutore. I pubblicitari lo chiamano lo studio del target.

Allora la scelta dello strumento sarà quella ritenuta più idonea in base alle caratteristiche dell'interlocutore.

Nella mia esperienza mi sono accorto di come poi nella forma, cioè nella nostra modalità di espressione, siano molto importanti la gentilezza, i complimenti, la capacità di ascolto, la valorizzazione del parere altrui, la franchezza dei modi. Sono segnali che rompono il ghiaccio e mettono immediatamente a suo agio il nostro interlocutore. Se poi si è capaci di raccontarle, anche le buone barzellette servono. Personalmente è meglio che non mi ci metta...

Talvolta, invece, serve la provocazione e la durezza. Ma queste modalità si usano soprattutto quando si vuole intimidire, alzare il prezzo o "rompere".

Un'arma importante è comunque sempre la domanda, tante domande, "chi domanda, comanda". Gli interrogativi al fondo della questione, infatti, obbligano sempre, noi stessi e l'interlocutore, a individuare il vero nocciolo del problema, lasciando però saldamente in mano a noi il filo del discorso.

E ancora, la scelta del tempo e delle circostanze, anch'esse sono modalità da non sottovalutare, ai fini di una comunicazione efficace.

Pensate adesso di comunicare una questione importante al vostro responsabile: lo fareste di fretta, mentre il vostro boss sta uscendo di corsa per prendere il taxi, oppure fissereste un appuntamento, chiedendo: "Scusa capo, quando possiamo parlare con calma? Avrei qualcosa di importante da dirti"?

Una frase bruciante, detta d'improvviso, vuol dire voler chiudere e troncare.

Il tono, il volume, l'inflessione della voce, invece, a volte contano più del contenuto. Anche il silenzio o una semplice pausa hanno il loro grande significato, eccome! Pensate a Celentano... quando non esagera!

La modalità scelta comporta sempre una molteplicità di fattori che il vostro interlocutore recepisce. La comunicazione è totale, non solo verbale.

È incredibile, a questo proposito, sottolineare come in ogni comunicazione personale o pubblica l'aspetto verbale rappresenti meno del 40 per cento di ciò che viene percepito. Nella comunicazione televisiva, fatta di tanti primi piani, il verbale scende addirittura al 27 per cento, il resto è fatto dall'atteggiamento del corpo, dall'espressione del viso, dalle circostanze scelte, dal ritmo della parlata, dai vestiti indossati, dal sorriso sfoggiato.

E questo, seppur in tono minore, vale anche per il telefono: tono della voce, ritmo delle parole, uso del linguaggio, pause, chiarezza nell'esposizione, sono tutti elementi che rappresentano la percentuale più alta della comunicazione percepita, a patto che ci sia il segnale: Vodafone, Tim o Wind, a vostra scelta.

È sempre un tutt'uno. La comunicazione è totale perché trasmette una combinazione continua di molteplici aspetti. L'importanza della preparazione, l'attenzione ai particolari, l'articolazione dei dettagli completano l'atteggiamento di impegno da avere in ogni nostra comunicazione. La sintesi ne è il risultato. Se il tutto è ben proporzionato e in armonia coerente, allora il messaggio "passa".

Nell'organizzazione poi degli eventi questo è il vero segreto, perché come dice Carlo Giovannelli, la regia perfetta consiste nella ricerca continua dell'equilibrio tra ogni particolare e l'insieme.

Comunicare e saperlo fare bene è bello. Questo mi ha sempre affascinato. Con questa attività così caratterizzante l'uomo moderno, allarghiamo i confini della nostra umanità.

# IX
# La speranza

> L'unica speranza di poter realizzare i sogni è quella di svegliarsi dal sonno.
>
> *Paul Valéry*

La speranza è la sorella della fede. In essa e per essa noi viviamo il presente nutriti dalla certezza del futuro. Quanto più solida è la fede di oggi, tanto più bella e sicura è la speranza per il domani. Che questa mia storia fosse scritta e poi anche pubblicata non ne avevo la sicurezza, ma la speranza sì, questione di fede! Per questo mi sono battuto in mille modi per poter scrivere questo libro e arrivare alla pubblicazione, adesso è una certezza.

Se potessi dire, in miglior modo, cosa è la speranza direi che è proprio quella virtù che in fondo ci fa andare avanti, sempre, in ogni circostanza, realizzando così la certezza della fede nel nostro destino buono.

Ma, parafrasando un antico adagio pubblicitario della televisione degli anni Ottanta, la speranza è una cosa seria e si dà alle cose serie...

*Spes contra spem*, sperando contro ogni speranza, questa è la radice più profonda che contraddistingue la molla vitale del nostro animo, è l'attesa del domani. E così mi verrebbe da dire che l'apice della ragione è proprio la speranza. Allora la forza della ragione diventa la forza della speranza e questi due cavalli trainano la nostra vita fino all'incontro con la bellezza e la certezza di ogni riuscita umana.

Dobbiamo usare la ragione per aprirci alla speranza. E d'altra parte, se ci pensiamo bene, la speranza è la chiave di ogni indagine ragionevole, senza di essa non ci potremmo accostare "ragionevolmente" a nessun problema o situazione. E non è solo questione di semplice ottimismo, ma proprio di ragionevolezza umana. Il vertice della ragione, affermava Pascal, consiste infatti nel riconoscere che c'è sempre qualcosa che la sopravanza. Ed ecco la speranza fare capolino...

Quando ho trascorso anni immerso nel dolore più profondo, alla sofferenza fisica si aggiungeva quella morale in quanto, a speranza d'uomo e di medici, non si vedeva soluzione al mio travaglio. Ma ricordo molto bene che ogni giorno era proprio lei, la speranza, a darmi la forza per sostenermi contro ogni sconforto definitivo, anche quando i continui dolori fisici mi portavano allo spossamento, alla mancanza di ogni energia morale e all'oscuramento della lucidità. Non so come ma, tra una fiala di morfina e l'ennesima operazione, continuavo a sperare e a pregare che dal Cielo arrivasse presto una soluzione, anche la più inimmaginabile, solo questo per me era ragionevole. E così, come sapete, è poi successo e in modo proprio del tutto imprevisto e imprevedibile. *Spes ultima dea,* e che la speranza sia proprio l'ultima a morire, nella mia vicenda, è diventato non soltanto un bel modo di dire ma esperienza personale, cruda e reale.

A questo modo, dall'arrivo di Giovanna in poi, fino all'inizio della guarigione e poi ancora fino al matrimonio e ancora, fino alla prima timida e parziale ripresa dell'attività lavorativa, ho capito che la speranza è sempre qualcosa che è in noi ma che si materializza dall'esterno, come un imprevisto, atteso ma non programmabile. Non in nostro possesso.

Per sperare bisogna aver ricevuto una grande grazia e per continuare a sperare bisogna continuare a ricevere una grande grazia. Questa grazia io l'ho ricevuta e allora, da quando ho iniziato, pian piano, a guarire, ho imparato a vedere ogni cosa come un dono e a capire che la vita ci è data, è nostra ma è Qualcun altro che ce la offre, in ogni istante. Percepire questo è l'inizio della pace e la fine di ogni paura. La gratitudine, allora, inizia a farsi spazio nel cuore e ogni circostanza diventa lieta, si vive come fanciulli svezzati, sereni in braccio alla madre.

Per amare bisogna essere contenti e anche per sperare è così. E cosa ci può rendere contenti veramente a tal punto da amare ogni cosa e da saper sperare da tutto e contro ogni evidenza?

Sicuramente l'aver ricevuto la grazia della vita e della salute ma, ancor più di questi doni, ciò che rende ragionevole la speranza e la gioia è l'aver constatato che Dio non abbandona mai i suoi figli, per essi si è fatto uomo e noi contiamo molto ai Suoi occhi. Egli ci cerca continuamente fino a che ci trova, viene con noi, ci accompagna e ci segue, con amore infinito, fino alla gioia eterna, mettendo al nostro fianco, se la sappiamo riconoscere, la compagnia giusta per il nostro destino. E questo è vero sempre, non soltanto in alcuni momenti eccezionali. È vero in ogni istante, anche ora, anche per te che adesso stai leggendo queste righe e pensi che questo dipenda solo da te. Che vertigine!

«Finché c'è vita c'è speranza» diceva Cicerone, e io aggiungo che la speranza è la cifra più indelebile della vita, senza di essa è come se fossimo già un po' morti dentro.

Il nucleo centrale dell'esperienza umana, il suo desiderio più radicale, è sancito dal fatto che una persona può vivere dignitosamente soltanto se c'è una ragione per cui valga la pena farlo.

Che cosa mi aspetto dalla vita?

Cosa mi fa andare avanti?

Ecco, la speranza si situa esattamente al livello della risposta a queste domande.

Isidoro di Siviglia diceva che la parola *spes* viene da *pes*, piede, perché è ciò che permette il passo, ogni mattina. È ciò che il cuore desidera.

Camminare da uomini sulla strada della vita è possibile solo «*Spe erecti*» dice l'epistola ai Romani (12,12), dritti nella speranza. E *spe erectus* è l'uomo intenso, che vive il presente con lo sguardo fisso nel futuro. È lo struggimento perché in ogni cosa, in ogni istante, in ogni frangente si manifesti la bellezza futura che un giorno ci sarà compagna per sempre, questa è la nostra fede e questa è la nostra speranza.

Ultimamente ho avuto a che fare con una persona cara a cui è stato detto che avrà pochi mesi di vita. Che sgomento e che tristezza! E cosa dire di sensato a chi sa di avere ancora poco tempo da vivere?

Ma quanti di noi sanno esattamente quanto ancora avranno da vivere?

In ultima analisi il grido di speranza che ci fa dire instancabilmente che nulla è perduto è la fede nella vita eterna, nella misericordia e nella gioia che l'abbraccio di Dio ci donerà per sempre. Nessuno mai potrà più toglierci questa speranza e la certezza di questa realtà. È questo il premio della fede, già da ora, su questa terra.

«Rivolti i nostri sguardi son lassù» (Laudario). Occhi rivolti alla casa del Padre, alla casa a cui siamo destinati e che, con straordinaria intensità, ci permette di vivere i nostri giorni cantando, e ci fa dire «povera voce di un uomo che non c'è, la nostra voce canta con un perché», come mi ha insegnato la grande amica Adriana Mascagni.

Intensi, con questa speranza dentro, viviamo tutte le cose del mondo, belle o brutte, mentre il giorno muore, ma sapendo che domani sarà di nuovo l'alba.

Per questo, pur nella pace, bisogna vivere le cose attraversandole in fretta, perché il giorno sta già per morire, ma presto tornerà la luce. È solo questa intensità che ci strugge per la speranza dell'alba che non finirà mai che può dar gusto al presente e che lo completa con soddisfazione vera, fino alla fine.

Questa consapevolezza è il nostro merito e la nostra gioia.

Guardiamo, quindi, a Colui che è il nostro presente e il nostro futuro e la nostra speranza non avrà mai fine. "Voglio vivere così, col sole in fronte, e felice canto..." Intensamente!

Adesso, passato il fascismo, il nazismo, il comunismo, con l'ansia di qualche nuovo conflitto possibile, resta comunque sempre e solo l'uomo con le sue angustie dentro il tempo e la solita storia di ristrettezze e fatiche. Niente di nuovo sotto il sole.

La drammaticità dell'esperienza storica che stiamo vivendo oggi ha, però, almeno il pregio di documentarci il fallimento di tutte queste speranze riposte in qualcosa di finito. Ideologie, potere, progresso scientifico, politica, poco possono con la domanda di infinito e di totalità che alberga nel cuore dell'uomo.

Un sistema liberalcapitalista o socialdemocratico, la miglior democrazia per la quale dobbiamo comunque batterci, non potranno mai darci un sistema sociale perfetto né tanto meno la speranza e la gioia di vivere, e per fortuna. La speranza non nasce dalla politica o da quello che i governi e i potenti della terra possono fare. La speranza nasce dalla fede. E un uomo senza fede è un uomo senza speranza per sé e per il mondo.

Ma intendiamoci bene su questo punto. Il nostro operare è importante e lo è tanto di più in proporzione proprio a quello che speriamo. Pensate a un uomo, *spe erectus* appunto, che tutto vive con la tensione a che ogni cosa sia perfetta e senza fine, come l'eternità: che razza di uomo, che gigante, che lottatore, che padre, che marito, che figlio, che cittadino, che lavoratore. Che amico di tutti.

Lottatori indomiti, a questo ci abilita la nostra speranza. E se non fosse così che speranza è? La speranza di uno stipendio migliore, di una automobile nuova, di una donna o di un uomo più bello o quella, oggi più in voga, di diventare personaggi famosi, della moda o dello spettacolo, che speranze sono?

Sono le speranze dei giovani di questo tempo, in cui più nessun adulto ci educa a pensare in grande, in cui il relativismo e il nichilismo culturale dei mezzi di informazione e dei suoi saccenti "sacerdoti" ci tiene schiavi del sistema, grigi impiegati della vita, alla caccia di qualche magra consolazione, che non potrà darci la soddisfazione sperata.

Soltanto sogni e illusioni, per giunta comprati a caro prezzo. E così la mentalità dominante del mondo ci inganna con le sue vane promesse, rubandoci tempo e denaro.

Ma non per questo la speranza muore, anzi.

È vero, la speranza autentica ci ricorda, seppur amaramente, il vizio e il fallimento di ogni utopia moderna e di ogni illusione di fuga. Ciascuna di queste "scorciatoie" violente pensava di poter, per così dire, completare in modo definitivo l'umanità, ma ogni volta la realizzazione di quella o di quell'altra utopia ha lasciato l'uomo nello sconforto. Oggi, questo genere di utopie incomincia anche ad apparire grandemente superato nella sua concezione puramente materialistica e senza prospettive spirituali circa la felicità umana. Accanto a ciò, invece, il cristianesimo appare ancora come un'apertura di speranza verso l'infinito che non può venir colmata da nient'altro se non dall'infinito stesso. Ecco la sua genialità irripetibile. Non per nulla proviene direttamente da Dio.

Intanto però, siccome ci avviamo alla conclusione, con un po' di fretta ma ugualmente con cuore e con grande chiarezza, diciamo che ogni agire serio e retto dell'uomo è comunque speranza di vita in atto.

In questo le donne ci battono tutti.

Con speranza amano e mettono al mondo i figli, accettano il peso della gravidanza e le doglie del parto, vivono le fatiche dell'educazione e i suoi pericoli, certe della gioia che verrà; in una parola, amano. La natura e il buon Dio le ha fatte così, alla faccia di tanto femminismo di antica memoria o di moderne "pari opportunità". Ma quale pari opportunità, nella donna vive il simbolo incarnato della legge della vita che regge la speranza del domani. L'accettazione della sofferenza che non tiene paragone con la gioia che si manifesterà.

Solo un tipo di uomini sono, in questo, simili alle donne: sono i cristiani e gli uomini di buona volontà, di ogni latitudine o razza.

Essi cercano di portare avanti le proprie speranze, piccole o grandi che siano, come tutti. Ma in ogni lotta che la vita quotidiana ci propone, si muovono illuminati dalla grande speranza che non delude. E questa speranza per chi la trova ha un volto: è Gesù stesso, la Sua stessa persona. In Lui prendiamo coscienza del messaggio che implica e dell'annuncio di salvezza vera che porta per ciascuno di noi. E allora, rinati con questa nuova consapevolezza, vediamo le cose in un modo diverso, si giudica in un'altra maniera, si valutano il tempo e le fatiche secondo criteri diversi da quelli degli altri. Questa speranza nuova è l'inizio della vera liberazione.

Per me è stato così e in questo modo ho incominciato a definire i motivi della gioia o della disperazione in base ad altre ragioni che non fossero il non avere la salute, il non lavorare o il non poter più fare ciò che mi sembrava giusto.

La storia di questo libro è tutta racchiusa in ciò, nel desiderio di aver voluto dare testimonianza a questa speranza che è rinata in me e della quale i capitoli precedenti hanno voluto essere soltanto dei piccoli appunti, spero utili.

In sintesi, potrei dire che la speranza ha come suo specifico contenuto l'affermarsi della personalità secondo tutte, ma proprio tutte, le sfumature per le quali siamo stati creati e destinati. Alla faccia di tutti coloro che hanno tentato di ingannarci e di farci del male, poteri e sentimenti compresi.

La speranza ci fa attraversare, di schianto, tutto il male del nostro passato per rilanciarci nel presente, illuminati dalla certezza del futuro. Che grande grazia!

E normalmente la speranza cristiana, provenendo direttamente dalla fede in Dio, ci ottiene cose ancor più grandi, giuste e belle di quanto noi stessi avremmo potuto sperare ed immaginare. La storia di questi miei anni di dolore, con l'arrivo di Giovanna e con tutto quanto, insieme a lei, sento ritornare a vivere con intensità prima sconosciute, è per me un dono, *il* dono, di cui il mio cuore si rallegrerà da ora e per sempre.

Il dono che la speranza in Dio, prima o poi, porta con sé è sempre più grande di ciò che meritiamo. Come è vero!

Perciò, ora, per me è necessario tornare a operare, e non gli occhi, per fortuna! Tornare ad operare in me e nel mondo, per cercare di dare questa testimonianza di vita e di speranza autentica anche agli altri.

Sento che tra la gente e anche tra gli amici più cari c'è bisogno di questa speranza come il pane da mangiare o l'aria da respirare.

Per questo, ora, mi sento di poter dire, con ancora maggior sicurezza di prima, che è giusto impegnarsi e darsi da fare, lavorare e soffrire, pregare e lottare, battersi, contribuendo con il nostro esempio a migliorare la vita nostra e dei nostri fratelli, con energia e con passione.

Si tratti dei nostri doveri quotidiani, di un'opera di volontariato, dell'accettazione di una sofferenza o di un limite grave, di un gesto buono da realizzare generosamente, di una mano da tendere a chi ha bisogno, di impegno sociale o politico, ma sempre donando speranza.

E questo è ancor più importante quando sembrerebbe che non possiamo sperare più di quanto effettivamente sia raggiungibile con le nostre forze o di quanto le condizioni oggettive economiche, affettive o sociali parrebbero poterci offrire.

Se ci fermiamo a ciò che appare non avremmo più nulla da attendere di bello e di veramente realizzabile: invece, in qualunque condizione, c'è sempre da sperare in qualcosa o in qualcuno. Dio non ci lascia mai soli, fino all'ultimo. Talvolta, come scriveva Montale in una sua notissima poesia, possiamo sperare solo in un imprevisto, e poi anche quello viene. A me è successo proprio così.

Questo è vero e possibile per chiunque, cristiano o no. La speranza è di tutti, credenti e non. L'importante, almeno, è essere uomini seri e di buona volontà, lealmente aperti a ciò che la vita ci riserva, con sincerità e con la domanda su Dio sempre spalancata.

A un certo punto, attraverso tutto il dramma della nostra storia di fallimenti personali e collettivi, sempre più tersa, dentro l'apparenza del reale si staglia la figura della grande speranza che ci dice che la vita personale e la storia intera nel suo insieme è custodita dal potere indistruttibile dell'Amore che ci salva. E questo amore ha un volto. È il volto di un bambino che i più fortunati rivedono in ogni volto amato e caro.

Questo Bambino lo festeggiamo, da duemila anni, in modo sempre più scontato, al temine di ogni anno, comprando regali costosissimi e scambiandoci bigliettini di auguri, talvolta un po' troppo formali, se non addirittura anche un po' stupidi e vuoti di senso.

In realtà è solo da Lui che ogni nostra gioia o dolore e ogni nostro successo o fatica prendono senso e giusta importanza.

Nell'inevitabile sacrificio che la bellezza della vita comporta solo tale certezza può dare respiro alla nostra speranza, unitamente al coraggio di operare ancora per il bene e di proseguire a vivere con gioia, per noi e per gli altri, fino alla fine.

Se al termine di questo libro te ne sarai accorto anche tu, sappi che è l'inizio del cambiamento. Auguri di cuore, caro amico o amica che tu sia!

# X
# L'educazione

> La vera emergenza odierna non è economica ma educativa.
>
> *Luca Antonini*

Giunti al termine di questo piccolo viaggio mi accorgo di aver fatto, insieme a voi, una galoppata velocissima dentro gli sconfinati orizzonti rappresentati dalla vita e dalle meravigliose esperienze che essa ci offre ogni giorno. Ma la lettura di questo libricino, da riprendere ogni volta che ne avrete voglia, magari soltanto per rileggere un capitolo o la parte che più vi ha colpito, non può terminare senza mettere a tema, almeno per qualche riga ancora, la grande parola che accompagna ogni esperienza umana: educazione.

Senza educazione non si va da nessuna parte. Né in tram né al lavoro, né tanto meno, senza di essa, si riesce ad andare molto lontani nel faticoso percorso dell'esistenza. Per questo è importante parlarne.

Una statistica curata dalla Fondazione per la Sussidiarietà rileva che per il 60 per cento degli italiani la vera prima emergenza del nostro Paese è rappresentata proprio dall'educazione.

Ovviamente non si intende per educazione solamente l'istruzione scolastica o quella, più formale, del bon ton dei salotti e neppure semplicemente la capacità di essere gentili e garbati con i propri simili, anche se sarebbe già qualcosa. No, quella indagata dalla ricerca annuale del professor Vittadini è l'educazione intesa come cultura, cioè come capacità personale di affrontare la realtà in modo critico e sistematico, in ogni suo aspetto e in relazione a uno scopo. E questa capacità non si inventa.

Essa implica un percorso adeguato, una esperienza formativa in atto e soprattutto una continua lealtà di cuore con le domande originarie connesse al senso della vita, del lavoro e della propria esperienza umana intera, con le quali il paragone costante di ogni nostra giornata rappresenta il pungolo esistenziale più acuto.

È a questo livello profondo e troppo spesso non indagato che, infatti, si gioca il grado di qualità di una nazione, di una società e della sua capacità di convivenza civile organizzata e tesa al bene comune dei singoli e del popolo. A questo proposito la politica può poco. Qui si tratta di un lavoro molto più lungo e delicato. Un impegno che tocca le singole persone e il sentimento di appartenenza a una storia comune e alle radici di un popolo e di una cultura, quella italiana ed europea. La famiglia e la scuola, per assenza di responsabilità educativa di importanti istituzioni quali la Chiesa, hanno ormai da troppo tempo perso la direzione del proprio cammino. L'autorità non è più riconosciuta e priva la vita di ciascuno di noi del suo aspetto essenziale di guida.

Scarseggiano i maestri adeguati, capaci di introdurre giovani e meno giovani al cammino della vita, inteso come esperienza di verità e quindi come capacità di riscoperta vissuta di valori esistenziali autentici.

Primo tra tutti il valore fondamentale rappresentato dal senso religioso che marchia, in modo indelebile, il cuore di ogni esperienza umana e di ogni popolo e civiltà.

Il fascino dell'arte, della bellezza, del gusto e del piacere, del sentimento di giustizia e di verità di cui abbiamo voluto, seppur velocemente, trattare all'interno di questo libro, altro non è, infatti, che l'espressione potente della grande nostalgia di pienezza definitiva che, nel fondo del nostro animo, rappresenta l'autentico senso religioso.

Ogni sera, dalle 20 in poi, circa il 90 per cento delle famiglie italiane assiste, impotente, allo spettacolo offerto dai telegiornali nazionali di uno scenario quotidiano fatto di omicidi, rapine, truffe, scandali, guerre, lotte, violenze e qualunque altro tipo di nefandezze possibili. E poi, come se non bastasse, a questo si aggiunge la sempre più difficile battaglia per "sbarcare il lunario" con una classe politica sempre più lontana dai veri bisogni della gente, anche se qualcosa sembra stia cambiando.

Ma la sete di educazione delle persone e del popolo intero rimane intatta. Talvolta viene mascherata dalla fiction rappresentata dall'industria dello stordimento generale del cosiddetto spettacolo, dal mondo dei presunti vip, dall'intrattenimento bolso dei film che dovrebbero farci ridere, dal gossip stupido e vuoto dei rotocalchi, dal furore della passione calcistica o, tristemente peggio, dall'evasione dalla realtà, rappresentata ormai per centinaia di migliaia di nostri giovani dall'uso costante di droghe di ogni tipo.

Tutto questo nasconde un vuoto, un grande vuoto esistenziale, educativo e di verità. E come non sentire che da questa nostra umanità gaudente quanto disperata si leva un grido di aiuto?

E anche la grande sete e fame di soldi, sesso e successo che, ovunque, deborda in volgari manifestazioni non rappresenta che l'aspetto più acuto di questo grande bisogno di un senso per la vita.

Ma ancor di più dell'ambizione del potere, dello stordimento delle illusioni, della pornografia o della droga, ciò che ogni giorno, dagli schermi dei nostri televisori, minaccia l'intelligenza di ognuno di noi, è l'attacco subdolo e violento che regolarmente, senza sosta, viene portato contro la famiglia e contro la vera educazione dei giovani ai valori autentici della vita.

È questo il vero nemico: la mentalità comune e cioè il modello culturale e i simboli educativi veicolati dalla maggior parte dei mezzi di informazione di massa, innanzitutto dalla tv e dai protagonisti dello spettacolo e dello star system, nuovi dèi pagani ed "eroi" senza ideali della nuova era.

Vediamoli, allora, alcuni di questi modelli che,

grazie a questi signori, vanno così per la maggiore, rappresentando il modo "comune" di pensare di molti di noi: il concetto di diritto slegato da ogni senso di dovere personale; l'assenza di legami intesa come il massimo della libertà; il rifiuto di ogni tradizione e autorità; la mancanza di ragioni serie per la vita; l'istinto e il piacere eretti a criterio supremo; la totale abolizione del concetto di peccato o almeno di inadeguatezza morale, sostituiti dalla quintessenza del relativismo rappresentato dalla formula, assai superficiale, del "ciascuno è libero di fare ciò che gli pare e piace".

In una parola, il vero problema dei modelli rappresentati dalla cultura di massa, in televisione, sui grandi schermi dei cinema o nelle edicole, è che non esiste più un criterio con cui individuare e saper distinguere il vero dal falso, il buono dal cattivo, il bello dal brutto.

È tutto sempre più uguale e omologante, in una marmellata indistinta di pareri e opinioni, frullati in salsa edonista e propinati, sotto mentite spoglie, come spettacolo, moda, libertà di informazione e industria dell'intrattenimento. Per i più raffinati ci sono poi il talk show o le rubriche di approfondimento, ma la musica non cambia.

La potenza dei valori simbolici rappresentata e messa in scena quotidianamente dai media rischia così di sovrastare a dismisura ogni tipo di educazione classica affidata a famiglie e insegnanti. I veri educatori, in tal modo, risultano oggi i mezzi di informazione, verso i quali è necessario che famiglie e genitori, prima ancora che lo Stato, inizino ad attrezzarsi più consapevolmente.

Se ci pensiamo bene, infatti, la maggior parte delle nostre reazioni, giudizi e sentimenti si basa su un substrato di informazioni e contenuti che altro non sono se non quello che abbiamo visto in tv o letto sui giornali e che, nel tempo, si sedimenta nella nostra coscienza fino a diventare modello di riferimento considerato ovvio e normale, nostro pensiero. Ed è una giostra continua, ridondante e ossessiva. A questo siamo esposti quotidianamente. E ve lo dice uno che questo lo fa di mestiere. Perciò ho voluto dar vita, insieme ad alcuni colleghi ed amici, alla Associazione Nazionale della Comunicazione denominata Club Santa Chiara. E che la santa patrona della televisione ci assista.

Insieme a valori e contenuti mancano maestri. Per educare, infatti, ci vogliono dei maestri. E maestri perché padri, altro che imbonitori di popolo, opinionisti, autori o intrattenitori del sabato sera e opinion maker che dir si voglia.

Ma questa battaglia non la si vince soltanto con dei no o con un semplice atto di denuncia. La battaglia dell'educazione dei nostri giovani si vince andando all'attacco e proponendo qualcosa di meglio che, anzitutto, sia vissuto e documentato da noi stessi.

La battaglia dell'educazione si vince offrendo una compagnia che propone qualcosa di meglio, di più giusto e soprattutto di più affascinante. Solo questo permette di affrontare e vincere la fatica dell'impegno con la vita.

E allora forza, incitiamo i nostri figli a seguire modelli, letture, esempi, trasmissioni televisive, musiche, compagnie e contenuti che siano adeguati alla dignità del loro cuore e della loro mente; per fortuna ce ne sono ancora. È solo così, imparando e insegnando il fascino di una bellezza nuova e sempre antica, che potremo, allora, essere una generazione che non abdica al proprio futuro.

In questo compito decisivo non si tratta di non sbagliare, anzi, l'esperienza di essere miseri e peccatori ci è sotto gli occhi ogni giorno. Però la strada da percorrere, la compagnia con cui affrontarla e la certezza della meta ci devono essere sempre molto chiare, con grande giudizio.

In tutta umiltà, sapendo che ogni mattina c'è sempre da ricominciare, auguro quindi buon lavoro a ciascuno di voi e, come dice Gerry Scotti, che Dio ci benedica!!!

# APPENDICE

# Le dieci regole d'oro

1) Io sono il Signore Dio tuo.
   Non avrai altro Dio all'infuori di me
2) Non nominare il nome di Dio invano
3) Ricordati di santificare le feste
4) Onora il padre e la madre
5) Non uccidere
6) Non commettere atti impuri
7) Non rubare
8) Non dire falsa testimonianza
9) Non desiderare la donna d'altri
10) Non desiderare la roba d'altri

# E quelle d'argento

Alle precedenti dieci grandi regole d'oro che non ho l'ardire di commentare, vorrei aggiungere semplicemente altre dieci piccole regole che, più modestamente, definisco regole d'argento...

In realtà, più che di regole vere e proprie, si tratta di consigli e di piccoli segreti, quasi formule di buon senso. Con questo spirito, ve le consegno così.

1) *Essere semplici e assaporare la bellezza che ogni cosa può donarci*, ecco la prima regola d'argento. Per far questo è necessario essere liberi d'animo, lieti e gioiosi come dei bambini che sanno ancora sorprendersi per un fiore, per un animale, per un sorriso, per un suono, per un tramonto o per un adulto che gli parla con amore. È nelle piccole e semplici cose di ogni giorno che si nasconde la possibilità di una grande gioia.

Molte sono le persone infelici che vivono nel gorgo frenetico delle nostre città. Fortunati quei pochi che capiscono che la felicità della loro vita dipende in gran parte dalla qualità del loro sguardo e delle loro abitudini.

Prima formula: saper contemplare la bellezza delle piccole cose di ogni giorno riscoprendo in esse la grande impronta del creatore che le fa per noi. Questa è la chiave per gustare la vita.

2) *Nutrire bene il corpo.* Cibi e vini alla moda oppure panini ingurgitati in un affollato bar di una grande città. Andare a letto sempre molto tardi per dover lavorare o divertirsi a tutti i costi. Ecco alcuni esempi di abitudini cattive che molte persone vivono di regola. Invece la regola giusta dice che il buon sonno quotidiano è necessario al nostro corpo come l'aria da respirare. In esso si rigenera il cuore e la mente, in esso siamo totalmente abbandonati ad un'altra presenza che, senza bisogno di sforzi da parte nostra, vigila amorevolmente su di noi. Riposare bene e a lungo è necessario e per farlo è giusto andare a letto presto, nutriti dalla pagina di un buon libro o dall'ascolto, magari in compagnia, di una bella musica. Chi dorme bene nutre meglio il cervello.

Seconda formula: il sonno è ristoratore e chi se ne priva diventa nervoso e cattivo con sé e con gli altri. Il sonno è la prima e insostituibile medicina per la salute del nostro corpo.

3) *Fare attività fisica.* Insieme al giusto modo di dormire, per pari importanza, si deve raccomandare il sano alimentarsi. Poco cibo e buono, lasciando sempre un po' di appetito in fondo ai nostri pranzi.

Ricordiamoci che il nostro corpo è fatto al 60 per cento di liquidi ed è di essi che per primi abbiamo bisogno. Bere tanto e bene è più importante che mangiare. Guardate quante persone grasse ci sono in giro e domandatevi il perché. Le grandi buone abbuffate ci vogliono, ma poi è necessario saper rientrare a regime, con una buona e abbondante colazione mattutina e due pranzi molto leggeri, soprattutto la sera.

Ma tutto questo servirà a poco se il nostro corpo non potrà vivere ogni giorno almeno un paio d'ore di attività fisica.

L'esercizio fisico è il nostro medico personale. Tramite esso si rilasciano nel nostro corpo sostanze come le endorfine che ci calmano e ci rilassano. Con l'esercizio fisico il nostro corpo si stanca in maniera sana, preparandoci adeguatamente poi, a sera, ad un sonno riparatore. L'attività fisica preserva il cervello dallo stress.

Terza formula: chi capisce l'importanza della attività fisica allontana le malattie, allunga la vita, dorme e mangia meglio e diventa anche più bello.

4) *Saper staccare.* Aiutati dagli enormi "progressi" della tecnologia oggi telefoniamo da casa con il telefono fisso, dalla macchina con il viva voce, da dove vogliamo con il cellulare e dal pc tramite internet. Praticamente, se contiamo anche le mail, i fax e le centinaia di informazioni che ci giungono quotidianamente da radio, televisione e giornali, siamo costantemente sottoposti allo stress di gestire input che da ogni dove, senza tregua, ci giungo-

no al cervello. Taluni, non soddisfatti, si "sparano" in console anche qualche video gioco, navigano in internet di notte, fanno zapping sul digitale terrestre e, al sabato sera, dopo un bel pomeriggio al centro commerciale si "rilassano" con l'ultimo film noleggiato da Blockbuster, da guardare su grande schermo al plasma, mentre nel frattempo scaricano l'ultimo sms arrivato sul loro palmare...

Non c'è che dire, siamo proprio connessi! Ma questa sorta di villaggio globale non ci regala neanche un briciolo di autonomia e di serenità in più, anzi. C'è bisogno di staccare la spina, pena la andata in tilt della memoria del disco fisso, ma non quella del computer bensì quella del nostro cervello e della nostra anima.

Quarta formula: sappi gestire la tecnologia prima che la tecnologia gestisca te. Usa di tutto ma individua sempre, ogni giorno, almeno mezza giornata in cui saperti disconnettere da ogni accesso elettronico. Prova e vedrai che il giorno dopo non è successo niente di grave.

5) *Organizza i pensieri intorno al cuore.* La frenesia degli incontri, il moltiplicarsi dei progetti, le decine di relazioni professionali e le diverse occupazioni quotidiane sembrano essere tutte occasioni di incontro con dei problemi. E così la vita sembra esserci data per un continuo tentativo di rispondere a dei bisogni e delle aspettative. In tutto questo noi rischiamo di scomparire in una sorta di attivismo generoso e ansioso che alla sera ci lascia inariditi e stanchi. Così non lasciamo mai spazio vero a ciò

che non è da noi programmato e, anzi, l'imprevisto ci sembra una seccatura, mentre invece il più delle volte ci sta portando un suggerimento vitale che noi non vogliamo neanche ascoltare. La realtà è più grande della nostra mente ed è a lei, la realtà, che dobbiamo badare, non alla nostra mente o al fumo continuo dei nostri pensieri, pur buoni. Come dice il mio amico Massimo Crotti, i problemi non sono scocciature ma opportunità.

Quinta formula: lascia che la tua mente abbia il tempo per occuparsi di una cosa alla volta e che tu possa assaporare la gioia di quello che stai facendo in questo momento. Non lasciarti rubare la vita dall'ansia del domani, vivi il presente. Questo è quello che il tuo cuore vuole.

6) *Godi del dialogo e delle amicizie vere.* Uscire di casa spesso, da soli o in compagnia, con la moglie, con i figli o con entrambi. Andare a trovare genitori e parenti, appena si può. Fare qualche azione buona, di proposito e spesso. Coltivare gli amici e fissare di vedersi con essi regolarmente, anche a costo di sacrifici. Parlare con loro di ogni cosa e ricercare insieme il passo giusto per una vita da spendere in buona compagnia e per uno scopo comune. Confrontarsi sui problemi dell'educazione dei figli e cercare sicurezze comuni non negoziabili con qualche semplice piccolo interesse ma con l'apertura al mondo.

Sesta formula: da soli non si va da nessuna parte. E neanche in due. È necessario avere l'orizzonte spalancato al mondo, nei rapporti come nel nostro intimo, solo questo genera il gusto pieno della nostra umanità.

7) *Aperti alla novità.* Troppe volte siamo schiavi delle abitudini ma spesso la vera schiavitù viene dal di dentro, dalla memoria dei pensieri negativi e dal ricordo delle esperienze passate.

La nostra memoria Ram è quella del cervello reattivo e su di essa sono stampate le centinaia di immagini a livello inconscio delle precedenti esperienze. C'è bisogno sempre di un reset. Per questo ogni giorno bisogna far pulizia e riaprirsi alla novità della vita, della giornata, dello sguardo di chi ti ama, del sole che sorge, della attività che ricomincia.

Questa apertura alla novità ha un segreto tutto spirituale e intimo, che si coltiva con soddisfazione interiore, come una disciplina, come una ginnastica dell'anima, il suo nome è memoria.

Settima formula: fai memoria di chi ti ama. Ricordati che la tua persona deve sempre essere rigenerata nel corpo e nello spirito, ogni giorno pronta a ripartire, per non invecchiare e per saper cogliere con gusto la novità del giorno che ci corre incontro.

8) *La vera intelligenza è spirituale.* Normalmente si pensa che l'intelligenza sia un fatto della ragione e nient'altro. Niente di più errato. Ho conosciuto in vita mia decine di persone superdotate, razionali e logiche, eppure assolutamente prive di guizzi e di gioia. È come se alla loro intelligenza mancasse qualcosa. E quello che manca a queste persone tal-

volta rischia di mancare anche a noi: è l'intelligenza dello spirito. In essa si coltiva la virtù della gioia profonda, del sacrificio, dell'impegno per una giusta causa, dell'amore per i propri cari e per il mondo intero.

Ottava formula: la vera intelligenza consiste nella preghiera. Ricordati che senza la preghiera ripetuta ogni istante, la tua volontà si fiacca, la tua memoria si svuota e il tuo cervello si intorbida. Il nucleo vero del cervello è l'anima, non sono i neuroni.

9) *Gestire le emozioni.* Gestire le emozioni è molto importante prima che le emozioni gestiscano te. Molte persone, e tra queste ci sono professori, giornalisti, medici e genitori, pensano che la vera sanità psichica di un individuo dipenda dall'equilibrio con cui vive le emozioni, ma pochi sono in grado di insegnare come si fa.

Si pensa certamente che l'io di una personalità adulta e matura sia quello, giustamente, di chi sa gestire bene emozioni e sentimenti ma pochi ci educano a farlo veramente e così, spesso, il sentimento diventa sentimentalismo, il parere preconcetto, e l'istinto l'unico timone della volontà.

A tutto questo manca però una cosa fondamentale che neanche i grandi padri della psichiatria moderna sono stati in grado di analizzare. Tale mancanza è quella di non saper offrire una soluzione in dote ai loro simili.

Per gestire le emozioni, senza che esse diventino la gabbia del nostro cuore e della nostra psiche, c'è bisogno di un giudizio chiaro sul senso della vita, sempre e in ogni circostanza. È questo giudizio in azione che è la vera guida del nostro io e delle nostre reazioni, che le assorbe e le coordina, indirizzandole al bene. Prudenza, sapienza e fortezza.

Nona formula: è la ragione che illumina il sentimento e attraverso di esso riscopre il valore. E la ragione vive solo di giudizi e di certezze, senza di essi inizia il campo delle patologie, delle ansie e delle depressioni.

10) *Ogni domenica è una festa.* Una volta in ogni paese e città della nostra bella patria, alla domenica, era tutta una giostra di campane a festa, di campanili di chiese che si rincorrevano, facendo a gara a chi si faceva sentire di più. Era il richiamo della vera grande festa, la festa del signore, il dì di festa, la domenica.

Oggi, addirittura sono rimasti in pochi a sapere che domenica, da *dominus*, significa il giorno del Signore, figuriamoci se fanno festa. Al massimo, nelle famiglie di oggi, i padri si stanno preparando per andare allo stadio, le madri a prendere l'aperitivo in centro, mentre i figli stanno ancora dormendo, perché dalla discoteca del sabato sera si rientra alle due del mattino.

Ma senza la memoria vissuta di questa grande festa, che è la festa della nostra vita salvata, non ci può essere nessuna gioia vera, né di domenica né i giorni della settimana a venire, anzi. Senza bere l'acqua pura della speranza che ci viene dal grande abbraccio di amore e di perdono che ogni giorno il Signore ci offre, ogni nostro sforzo è destinato a poco. Tristezze, ansie, aspettative, timori e progetti, amori e delusioni, ogni storia dei nostri incontri, senza la memoria del Signore perde il volto più vero della gioia.

Decima formula: senza la festa del Signore si perde la festa della vita. E quando non si crede più al Signore si rischia di credere a tutto.

# Ricapitolando...*

Passa tranquillamente tra il rumore e la fretta e ricorda quanta pace può esserci nel silenzio. Rimani il più possibile in buoni rapporti con tutte le persone. Di' sempre la verità con calma e chiarezza e ascolta gli altri, anche quelli più noiosi.

Ama e frequenta gli amici, perdona e, se puoi, correggi le persone volgari e aggressive che opprimono lo spirito. Non ti paragonare mai agli altri per non far crescere in te orgoglio o invidia. Ci saranno sempre persone più in basso o più in alto di te.

Gioisci dei tuoi progetti e dei tuoi risultati ma non abbatterti mai per gli insuccessi o per gli errori. Conserva sempre l'interesse per il tuo lavoro, anche se umile; esso è ciò di cui realmente disponi per contribuire alle sorti del tuo tempo.

Sii prudente nei tuoi affari perché il mondo è pieno di tranelli, ma ciò non ti privi mai della virtù di saper distinguere il bene dal male. Molte perso-

* Libera rivisitazione dei "Desiderata", antico manoscritto trovato nel 1962 nella Chiesa di San Paolo a Baltimora.

ne lottano per grandi ideali e dovunque la vita è piena di eroismo quotidiano. Cerca di fare altrettanto.

Sii forte nelle tribolazioni e sempre giusto nella prosperità. Ma soprattutto non fingere negli affetti e non essere mai cinico riguardo all'amore, perché, a dispetto di tutte le aridità e disillusioni, esso è perenne come l'universo.

Accetta benevolmente gli ammaestramenti che derivano dall'età lasciando con un sorriso sereno le cose della giovinezza. La maturità di un uomo è sempre pari alla sua esperienza. Non pensare mai alla vendetta. Onora gli anziani, soprattutto i genitori.

Invoca la forza interiore dello spirito per difenderti dalle insidie del male e per irrobustirti nel fare il bene. Non tormentarti con la troppa immaginazione. Molte paure nascono dai "fantasmi" che provengono dalla stanchezza e dalla solitudine. Chiedi aiuto agli amici e prega Dio, che ti è Padre.

Abbi una disciplina morale, seguila e sii tranquillo. Tu sei figlio dell'Eterno, molto più importante dei fiori e delle stelle. La vita ti è data per un destino buono e l'universo intero ti è amico.

Sappi godere di tutte le cose che la realtà ti offre in abbondanza. Sii in pace con Dio e amico di Suo figlio, che ha vinto la morte per tutti noi. Quali siano le tue lotte o aspirazioni, custodisci sempre la tua anima nel bene anche dentro le quotidiane battaglie della vita. Confessati quando puoi, soprattutto se hai fatto del male.

Ricordati sempre che pur con tutti i suoi inganni, i sogni infranti ed il tanto dolore presente, stai vivendo in un mondo stupendo, in attesa di uno ancora migliore.

Vivi ogni tua emozione ed usa sempre le ragioni del cuore oltre che della mente. Non perderti mai d'animo. Giudica ogni cosa e cerca sempre di essere felice. Ricordati che sei voluto e amato. Rallegrati ogni mattina per questo.

E poi, ancora, sappi che la libertà dipende dallo scopo.
E lo scopo si raggiunge con la libertà.

Se tu pensi che sarai vinto, sarai vinto.
Se tu pensi che non riuscirai, stai sicuro che non ce la farai.
Se tu pensi che ti piacerebbe vincere ma che non puoi,
di sicuro perderai.
Se tu pensi che perderai, hai già perduto.

Tante carriere e tante esistenze si sono perse prima ancora di essersi cimentate con la prova. E molti si sono fermati prima ancora di iniziare la fatica del proprio lavoro.

Non avere paura, la realtà è buona.
Pensa in grande e le tue azioni cresceranno.
Pensa in piccolo e troverai ancora meno.
Mantieniti umile perché in questo è la tua grandezza.

Chiedi l'impossibile e otterrai il massimo possibile.
Aspira alle cose grandi e otterrai il giusto.
Cerca e troverai, chiedi e ti sarà dato,
domanda e ti sarà risposto.
Chi non domanda non ottiene
e a chi non bussa non verrà aperto.

Chiedi il massimo anche a te stesso.
E poi domanda a Dio e agli uomini.
Otterrai sempre il meglio.
Investi tutte le tue qualità e i tuoi talenti
e questi torneranno a te moltiplicati.

Tutto sta nel tuo atteggiamento interiore.
Tutto dipende dal giudizio.
Nulla dipende soltanto dai tuoi sentimenti,
dal tuo temperamento, dal tuo stato d'animo o dalle circostanze.
Tutte queste cose si possono piegare grazie al tuo giudizio.

Con l'esercizio di questa disciplina
ogni cosa diventa fattibile e soprattutto più facile del previsto.
Il sacrificio sarà meno faticoso se rivolto al bene.
Non indurire il tuo cuore e sarai sempre pronto.

Il caso non esiste. Esiste solo il destino a cui decidere come aderire.

Se pensi tutto andrà male, parti già con il piede sbagliato.

Se pensi tutto andrà per il meglio hai già iniziato bene.

Non pensare il male ma spera e cerca il bene.
Chi semina il male raccoglie odio.
Chi semina il bene raccoglie i frutti.
Dov'è il tuo cuore, là è il tuo tesoro.
Pensa di essere privilegiato e preferito
già per il fatto di essere al mondo,
allora ti rallegrerai anche nelle cose di ogni giorno.

Non pensare che basti soltanto un po' di ottimismo.

Pensare positivo da solo non basta. Anzi.
Pensa che qualcuno ti ama, allora sarai sicuro.

Bisogna pensare bene per innalzarsi.
E per innalzarsi bisogna sapersi abbassare.

Anche per comandare bisogna imparare ad obbedire.

Non vantarti mai e non avere
un'alta considerazione di te stesso.
Cerca sempre di migliorare:
non sei ancora perfetto.

Ricordati sempre che hai una certezza.
Qualcuno di grande ha un disegno buono su di te.

Questa è la tua speranza, la tua sicurezza, la tua fede.
Ricordati sempre che Qualcuno ti ama
e allora ogni giornata sarà tua.

Ogni circostanza è un'occasione.
Ogni problema un'opportunità.
Ogni incontro una ricchezza.

Le grandi battaglie si vincono nei particolari.
La battaglia della vita è dramma.
La battaglia della vita è lotta.
Stai in guardia contro il nemico.

Bisogna avere pazienza e sempre attendere.
Il bel giorno arriva sempre. D'improvviso.

Dentro la realtà esiste
il grande mistero di Dio.
Impara a riconoscerlo e impegnati nel seguirlo,
allora sarai sempre sicuro e lieto
in ogni giorno della tua vita.

Rallegrati e vivi.

# Pensiero finale

Gli ebrei, nella loro tradizione religiosa, prevedono 613 norme e regole comportamentali da seguire e interamente riportate dalla Torah, i musulmani possono studiare e osservare i 114 precetti o "sure" contenute nel Corano, la dottrina dei buddisti prevede lunghe e interminabili meditazioni. Il buon Dio dei cristiani, invece, si è limitato a dieci regole d'oro, chiamate comandamenti, che poi, per semplificare, facilitandoci il cammino, ha riassunto in un'unica presenza da seguire, quella di Suo figlio Gesù, che ha sintetizzato il decalogo negli unici due precetti considerati indispensabili:

«Amerai il Signore Dio tuo con tutto il tuo cuore, con tutta la tua anima e con tutte le tue forze.»

«Amerai il prossimo tuo come te stesso.»

E allora, alla fine di questa lunga carrellata di regole, precetti, consigli e raccomandazioni, formule d'oro e d'argento, non mi resta che una sola frase conclusiva. E la prendo a prestito dal grande Ovidio:

«Non cercare da me norme e precetti, regole o iscrizioni... devi vivere solo da amante.»

Sono sicuro che questa frase piacerà molto anche a Giovanna. La dedico a lei e a tutti voi, lasciandovi alla lettura della *Novena delle Rose* che ci ha fatto incontrare.

# *Novena delle Rose* in onore a santa Teresa del Bambin Gesù, Dottore della Chiesa

Santa Teresa del Bambin Gesù e del Volto Santo, questo il nome esatto, ha lasciato scritto nei suoi ricordi, tra gli altri, questo pensiero: «Passerò il tempo del mio cielo a fare del bene sulla terra. Farò cadere una pioggia di rose».

Il Padre Putigan S.J. il 3 dicembre del 1925 cominciò una novena chiedendo a Santa Teresina, questo il suo diminutivo, una grazia molto importante. Per sapere se sarebbe stato ascoltato e soprattutto esaudito, Padre Putigan chiese un segno. E così disse che desiderava ricevere in dono una rosa quale garanzia dell'ottenimento della grazia.

Non fece poi parola a nessuno della novena appena iniziata.

Al terzo giorno ricevette la rosa richiesta e terminata la novena ottenne la grazia.

Cominciò un'altra novena. Ricevette un'altra rosa e una nuova grazia.

A quel punto prese la decisione di diffondere questa novena "miracolosa".

Così oggi, in tutto il mondo, si pratica questa novena...

La si può incominciare in qualsiasi giorno del mese. Devoti ed amici di Santa Teresina, di solito, la fanno dal 9 al 17 del mese, ma in realtà la si può iniziare quando si vuole, a condizione di farla almeno tutta, con fede, per nove giorni di fila.

PREGHIERA PER I NOVE GIORNI DELLA NOVENA

*Santissima Trinità, Padre, Figlio e Spirito Santo,*

*io vi ringrazio per tutti i favori e le grazie di cui avete arricchito l'anima della vostra serva Santa Teresa del Bambin Gesù durante i 24 anni trascorsi su questa terra e, per i meriti di questa Santa, concedetemi la grazia che ardentemente desidero (si esprima la grazia che si vuol ottenere), se è conforme alla vostra santa volontà e per il bene della mia anima.*

*Aiutate la mia fede e la mia speranza, o Santa Teresa; realizzate ancora una volta la vostra promessa di passare il vostro cielo a fare del bene sulla terra, permettendo che io riceva una rosa come segno della grazia che desidero ricevere.*

Si recitano poi 24 "Gloria al Padre, ecc." in ringraziamento a Dio per i doni concessi alla Santa nei 24 anni della sua vita terrena.

Ad ogni "Gloria" segue l'invocazione "Santa Teresa del Bambin Gesù prega per noi".

# Lettera di Maria De Filippi

Un libro per ciascuno di noi o, piuttosto, un libro su ciascuno di noi.

L'amicizia, l'amore, la famiglia, il lavoro, sono cose che fanno parte della vita di tutti, non quella biologica s'intende, ma quella che ci eleva da semplici esseri viventi a persone!

A volte, invece, siamo così concentrati sulla quotidianità e sulle piccole cose che ci dimentichiamo, e quasi vergogniamo, dei nostri sentimenti.

Il ritmo incalzante della vita ci costringe spesso a dare per scontato e dovuto quello che abbiamo e che riceviamo. Tragicamente, solo un percorso di sofferenza ci porta a pensare con più sincerità a noi stessi, obbligandoci a guardarci dentro.

Ed è proprio attraverso la sua sofferenza personale che l'autore si mette a nudo, a nostro esclusivo uso e consumo. Verrebbe da dire "non ha inventato niente di nuovo" e, invece, egli generosamente mette la sua esperienza a disposizione degli altri, riservandoci più di una sorpresa.

La riflessione è: "Non mi sono mai soffermato a

pensarci, nessuno mi aveva mai messo di fronte a uno specchio".

Ecco, è così che bisogna leggere questo libro, non come dottrina, ma come strumento da usare e sfruttare per vivere la vita, non perdendo la parte migliore.

Non è per forza necessario passare attraverso una sofferenza profonda per capire i veri valori della vita. E poi l'autore di questa bellissima storia l'ha già fatto per noi...

Grazie Marco

# Ringraziamenti

Ringrazio quegli amici e quei medici che in questi lunghissimi sei anni hanno voluto e saputo starmi vicino: Andrea, Arcangela, Mario, Daniela, Dodo, Guido, Franco, Giuliano, Giacomo, Massimo, Rita, Roby, Tode, Lucia, Vittorio, don Pino e don Domenico.

Gli amici di via Caccianino sono troppi per ringraziarli uno a uno, ma lo farò sicuramente di persona...

Un particolare ringraziamento a Publitalia 80 e a tutto il Gruppo Mediaset.

I ringraziamenti alla dottoressa Giovanna Bardellini, che mi ha guarito, li porgo invece ogni giorno a casa... la nostra!

Non posso non menzionare, a questo proposito, il suo maestro, dottor Angelo Micozzi, e le nuove tecnologie che ci hanno dato la possibilità, imprevedibile, di conoscerci e incontrarci...

# Indice

«Un Angelo mi ha salvato»
di Marco Palmisano
Oscar varia
Arnoldo Mondadori Editore

Questo volume è stato stampato
presso Mondadori Printing S.p.A.
Stabilimento NSM - Cles (TN)
Stampato in Italia - Printed in Italy